張蔭麟，呂思勉 著

張蔭麟
呂思勉
與
對話秦漢四百年

從政治權力 × 思想文化 × 軍事制度 × 社會發展

揭示四百年間秦漢政局動盪的根源

◎十四年短暫榮光的秦帝國，究竟留下了什麼？
◎劉邦從草莽登上皇位，是偶然還是歷史必然？
◎這場文明的接力，為何會深刻影響千年中國？

權威視角縱覽秦漢歷史，領略古代中國的治理智慧
在思想與制度的交會中，解讀四百多年的盛衰密碼

目錄

前言

編者按

第一卷　秦朝篇／張蔭麟

　　第一章　秦始皇與秦帝國 …………… 011
　　第二章　秦漢之際 …………………… 035

第二卷　西漢篇／張蔭麟

　　第一章　大漢帝國的發展 …………… 063
　　第二章　漢初的學術與政治 ………… 091
　　第三章　改制與「革命」 …………… 111

第三卷　東漢篇／呂思勉

　　第一章　後漢的政治 ………………… 137
　　第二章　兩漢的制度 ………………… 143

目 錄

第三章　秦漢的武力 ……………………149

第四章　兩漢對外的交通 ………………155

第五章　兩漢的學術 ……………………161

第六章　佛教和道教 ……………………167

第七章　兩漢的社會 ……………………173

附錄　上

附錄　下

前言

在春秋戰國這個漫長的分裂時期之後，西元前221年，秦王嬴政掃平了六國，將中國帶入了一個大一統時代。然而，秦王朝卻極為短命，它歷二帝一王，國祚僅十四年。

秦的暴政使得它的統一很快就被混戰所取代。秦末，國民暴動，諸侯並起，經楚漢相爭，戰火才終於平息。最終，項羽自刎於烏江邊，而劉邦則登上皇位，成為漢帝國的開國之君。劉邦建立的漢王朝是古代中國最強盛的朝代之一，與約略同時期的歐洲古羅馬帝國並列為當時世界上最強大的帝國。漢初的文景之治，使凋敝的民生慢慢恢復。漢武帝之時，漢王朝開始開疆拓土，征伐不斷。武帝死後，又有昭、宣兩代治世，但是隨後，漢王朝就漸漸陷入了皇權旁落、外戚掌政的境地，直至王莽篡漢。不過王莽的新朝亦是曇花一現，僅僅存在了十四年。在多年的分裂和內戰過後，西元25年，全國重新統一於光武帝劉秀之手。劉秀與他的繼位者明、章二帝輕徭薄賦，以安靜為治，國家在他們手上漸漸復甦。但是和帝之時，外戚復起，隨後東漢落入了外戚與宦官爭權的漩渦之中，再加上羌人作亂和「黨錮之禍」，原本

前 言

強盛的漢王朝終於衰落，中國歷史進入了三國時代。

秦漢兩朝是中國大一統帝國的開端，奠定了後世政治制度的基礎。在這個時期裡，無論是在政治、經濟、思想文化上，還是在社會生活和民族關係上，中國都在經歷著一場前所未有的大變革。正因為這樣，從古至今從不缺乏對這段歷史進行反思和研究的人，他們都希望能從中得出些許教訓，以供當世之用。

近代以來，秦漢歷史研究的佼佼者，當推張蔭麟和呂思勉。本書的內容即選自兩位先生的著作。在這本書中，他們以過人的筆力和見識，明白透澈地將秦漢兩朝四百餘年的歷史，在讀者眼前緩緩鋪陳開來。他們的記錄，詳略得當而援引不著痕跡；他們使用的文詞，簡潔平易而又耐人尋味。

張蔭麟先生曾說，他著中國史時所樹立的目標有三個：「其一，融會前人研究結果和作者玩索所得以說故事的方式出之，不參入考證，不引用或採用前人敘述的成文，即原始檔案的載錄亦力求節省；其二，選擇少數的要點為主題，給每個所選的要點以相當透澈的敘述，這些要點以外的大事，只概略地涉及以為背景；其三，社會的變遷、思想的貢獻，和若干重大人物的性格，兼顧並詳。」現在看來，張蔭麟先生的著作確實達成了這樣的目標。至於秦漢的歷史究竟能為

現在的人們帶來什麼樣的感觸和思考,卻要待讀者朋友自己去細細體會了。

前言

編者按

　　本書取自張蔭麟、呂思勉兩位先生的作品。由於張先生的著作《中國史綱》沒有完成，只寫至西漢，因此本書選擇了張蔭麟先生所寫的秦朝至西漢史，並以呂思勉先生所寫的東漢史為補充。

　　總的來講，本書第一卷與第二卷是由張蔭麟先生的作品彙編而成，第三卷則是由呂思勉先生的作品彙編而成。同時，為了以更全面的視角展現秦漢歷史，也為了更好地展現張、呂兩位先生的學術風采和學術思想，本書將張、呂兩位先生關於秦漢歷史的其他文章附在書後，以供讀者參考。

　　雖然兩位先生的用語都精煉凝實，但是與現代漢語的語言規範仍略有差異，因此本書在盡量保持作品原貌的基礎上，對紀年、人名、地名、個別文字等進行了調整和統一，以方便讀者閱讀。

第一卷
秦朝篇／張蔭麟

第一章
秦始皇與秦帝國

一　呂不韋與嬴政

　　秦皇掃六合，虎視何雄哉！揮劍決浮雲，諸侯盡西來。明斷自天啟，大略駕群才。收兵鑄金人，函谷正東開。銘功會稽嶺，騁望琅琊台。刑徒七十萬，起土驪山隈。尚採不死藥，茫然使心哀！連弩射海魚，長鯨正崔嵬。額鼻象五嶽，揚波噴雲雷。鬐鬣蔽青天，何由睹蓬萊？徐市載秦女，樓船幾時回？但見三泉下，金棺葬寒灰！

（李白《古風》之一）

　　這首壯麗的詩是一個掀天揭地的巨靈的最好速寫。這巨靈的來歷，說來話長。

　　當長平之戰前不久，有一個秦國王孫，名子楚，被「質」在趙。他是太子安國君所生，卻非嫡出，他的母親又不得寵，因此趙人待他很冷薄，他連王孫的排場也維持不住。但是陽翟（韓地）大賈呂不韋在邯鄲做買賣，一看見他，便認為他是「奇貨可居」。

　　不韋見子楚，說道：「我能光大你的門庭。」子楚笑道：「你還是去光大自己的門庭吧！卻來光大我的！」不韋說：

第一章　秦始皇與秦帝國

「你有所不知,我的門庭要等你的來光大。」子楚明白了,便和他商量兩家光大門庭的辦法。當時,安國君最愛幸的華陽夫人沒有生育的希望,安國君還沒有立嗣。不韋一面獻上鉅款,替子楚結交賓客,沽名釣譽,一面齎了鉅款,親到秦國,替他安排。不久華陽夫人便收到許多子楚孝敬的珍寶,不久她便時常聽到人稱讚子楚的賢能,不久她的姊姊便走來憂慮她的前途,大意說道:「妹妹現在是得意極了,但是可曾想到色衰愛弛的一天?到時有誰可倚靠!就算太子愛你到老,他百歲之後,繼位的兒子要為自己母親吐氣,你的日子就不會好過。子楚對你的孝順,卻是少有的。何不趁如今在太子跟前能夠說上話,把他提拔起來,將來他感恩圖報,還不是同自己的兒子一般?」華陽夫人一點頭,子楚的命運便改變了。

不韋回到邯鄲時,子楚已成了正式的王太孫,不韋也被任為他的師傅。他們成功之後,不免用美人醇酒慶祝一番。邯鄲在戰國時以美女著名,不韋的愛姬,尤其是邯鄲美女的上選,妙擅歌舞。有次她也出來奉酒,子楚一見傾心,便要不韋把她相讓。不韋氣得要死,但是一想過去的破費和將來的利益,只得忍氣答應。趙姬既歸子楚,不到一年(正當長平之戰後一年),產了一子,即是後來做秦王和秦始皇帝的嬴政。當時傳說,趙姬離呂家之時已經懷了嬴政。但看後來

不韋所受嬴政的待遇,這傳說多半是謠言。

嬴政於西元前246年即王位,才十三歲。這時不韋是食邑十萬戶的文信侯,位居相國;他從前的愛妾已做了太后,並且和他私續舊歡。不韋的權勢可以想像。他的政治野心不小,他招賢禮士,養客三千,打算在自己手中完成統一的大業。但嬴政卻不是甘心做傀儡的。他即位第九年,太后的姘夫嫪毐在咸陽反叛,他用神速的手段戡定了亂事以後,乘機把太后的政權完全褫奪,並且株連到呂不韋,將他免職,逐歸本封的洛陽。過了兩年,嬴政又把他貶到蜀郡。在憂忿夾攻之下,不韋服毒自殺。

不韋以韓人而執秦政,他所客養和援用的又多三晉人,和他結交的太后又是趙女,這種「非我族類」的勢力是秦人所嫉忌的。不韋罷相的一年(秦王政十年),適值「鄭國渠」事件發生,更增加了秦人對外客的疑懼。鄭國也是韓人,為有名的水利工程師。當初韓廷見亡國的大禍迫在眉睫,便派他往秦,勸秦廷開鑿一條連接涇水和洛水的大渠,想藉此消磨秦的民力,延緩它的對外侵略。這渠才鑿了一半,鄭國的陰謀洩漏。其後雖然因為嬴政知道這渠也是秦國的大利,仍舊聽了鄭國的話完成它,結果闢田百萬多頃,秦國更加富強;但是鄭國陰謀的發現,使秦宗室對於遊宦的外客頗有忌

憚。嬴政於是下了有名的「逐客令」，厲行搜尋，要把外籍的遊士通通趕走。這命令因為李斯的勸諫而取消。但是不韋自殺後，嬴政依舊把所有為他送喪的三晉門客都驅逐出境，由此可見，逐客令是和不韋有關的，也可見不韋的坍臺是和種族之見有關的。

二　六國統一

　　嬴政既打倒了呂不韋，收攬了秦國的大權，便開始圖謀六國。這時，六國早已喪失了單獨抗秦的力量，不過它們的合縱還足以禍秦。嬴政即位的第六年，秦國還吃了三晉和衛、楚聯軍的一次虧。當時大梁人尉繚知道，假如六國的君主稍有智慧，嬴政一不小心，便會遭遇智伯、夫差和齊湣王的命運也未可知。但是尉繚不被祖國重用，於是他來到咸陽，勸嬴政道：「願大王不要愛惜財物，只要您派人賄賂列國的大臣，來破壞他們本國的計謀，不過花三十萬金，六王可以盡虜。」嬴政果然採納了這策略，此後六國果然再不費一矢互助而靜待嬴政逐個解決。

　　首先對秦屈服，希望以屈服代替犧牲，而首先被犧牲的是韓。秦王政十四年，韓王安為李斯所誘，對秦獻璽稱臣，並獻南陽地。十七年，秦的南陽守將舉兵入新鄭，虜韓王，滅其國。李斯赴韓之前，韓王派了著名的公子韓非入秦，謀紓國難。嬴政留非，想重用他，但是不久聽了李斯和另一位大臣的讒言，又把他下獄。口吃的韓非有冤沒處訴，終於被

第一章　秦始皇與秦帝國

李斯毒死在獄中。

韓亡後九年之間，嬴政以迅雷烈風的力量，一意東征，先後把其餘的五國滅了。這五國的君主，連夠得上說抵抗的招架之力也沒有，雞犬似的一一被縛到咸陽。這期間，只有俠士荊軻，曾替燕國演過一齣壯烈的悲劇。

秦王政十九年，趙國既滅，嬴政親自到邯鄲，活埋了所有舊時母家的仇人；次年他回到咸陽，有燕國使臣荊軻卑辭求覲，說要進獻秦國逃將樊於期的首級和燕國最膏腴的地域督亢的地圖。秦王大喜，穿上朝服，排起儀仗，立即傳見。荊軻捧著頭函，副使秦舞陽捧著地圖匣依次上殿。秦舞陽忽然股慄色變，廷臣驚怪，荊軻笑瞧了一眼舞陽，上前解釋道：「北番蠻夷的鄙人，未曾見過天子，所以惶恐失措，伏望大王包容，俾得完成使事。」秦王索閱地圖，荊軻取了呈上。地圖展到盡處，竟有匕首出現！荊軻左手把著秦王的袖，右手搶過匕首，就猛力刺去，但是沒有刺到身上，秦王已斷袖走開。秦王拔劍，但劍長鞘緊，急猝拔不出，荊軻追他，兩人繞柱而走。秦廷的規矩，殿上侍從的人不許帶兵器，而殿下的衛士，非奉旨不許上殿。秦王忙亂中沒有想到殿下的衛士，但是殿上的文臣，又哪裡是荊軻的敵手。秦王失了魂似的只是繞著柱走。最後，侍臣們大聲提醒了他，把

劍從背後順力拔出,砍斷了荊軻的左腿。荊軻便將匕首向他擲去,不中,中銅柱。這匕首是用毒藥煉過的,微傷可以致命。荊軻受了八創,已知絕望,倚柱狂笑,笑了又罵,結果被肢解了。

風蕭蕭兮易水寒,壯士一去兮不復還!

這是荊軻離開燕國之前,在易水邊的別筵上,當著滿座白衣冠的送客,最後唱的歌,也可以做他的輓歌。

荊軻死後六年(西元前221年)是秦王政在位的第二十六年,在這一年裡六國盡滅,於是秦王政以一道冠冕堂皇的詔令,收結五個半世紀的混戰局面,同時宣告新帝國的成立。那詔書道:

……異日韓王約地效璽,請為藩臣,寡人以為善,庶幾息兵革。已而倍約,與趙、魏合從畔秦,故興兵誅之,虜其王。趙王使其相李牧來約盟,故歸其質子。已而倍盟,反我太原,故興兵誅之,得其王。趙公子嘉乃自立為代王,故舉兵擊滅之。魏王始約服入秦,已而與韓、趙謀襲秦,秦兵吏誅,遂破之。荊王獻青陽以西,已而畔約,擊我南郡,故發兵誅得其王,遂定荊地。燕王昏亂,其太子丹乃陰令荊軻為賊,兵吏誅滅其國。齊王用後勝計絕秦,使欲為亂,兵吏誅虜其王,平齊地。

第一章　秦始皇與秦帝國

所有六國的罪狀,除燕國的外,都是捏造的。詔書繼續說道:

> 寡人以眇眇之身,興兵誅暴亂,賴宗廟之靈,六國咸伏其辜,天下大定。今名號不更,無以稱成功傳後世。其議帝號。……

在睥睨古今、躊躇滿志之餘,嬴政覺得一切舊有的君主稱號都不適用了。

戰國以前,人主最高的尊號是王,天神最高的尊號是帝。自從諸侯稱王後,王已失了最高的地位,於是人們就把帝拉下來代替,而別以本有光大之義的「皇」字稱最高的天神。但是自從東西帝之議起,帝在人間,又失去最高的地位了,於是很自然的辦法,就是把皇字挪下來。秦國的中國裡有天皇、地皇、泰皇,而泰皇最為尊貴,於是李斯等上尊號作泰皇。但是嬴政不喜歡這舊套,他把泰字除去,添上帝字,合成「皇帝」;又廢除周代通行的諡法(即君主死後,按其行為,追加名號,有褒有貶),自稱為「始皇帝」,預定後世計數為二世皇帝、三世皇帝,「至千萬世,傳之無窮」。

同時始皇又接受了鄒衍的學說,以為周屬火德,秦代周,應當屬克火的水德;因為五色中和水相配的是黑色,於是禮服和旌旗皆用黑色;又因為四時中和水相配的是冬季,

而冬季始自十月,於是改以十月為歲首。鄒衍相信政治的精神也會隨著五德而轉移,他的一些信徒認為與水德相配的政治應當是猛烈苛刻的政治,這正中始皇的心懷。

第一章　秦始皇與秦帝國

三　新帝國的經營

　　秦自變法以來，侵略所得的土地大抵都直隸君主，大的置郡，小的置縣，郡縣的長官都非世職，也無世祿。始皇沿著成例，每滅一國，便分置若干郡，而秦變法以來新設的少數封區，自從嫪毐和呂不韋被誅之後也已完全消滅，既吞併了六國，秦遂成為一個純粹郡縣式的大帝國。在這帝國成立之初，丞相綰曾主張仿周朝的辦法於燕、齊、楚等僻遠的地方分封皇子，以便鎮懾，但是他的提議被李斯打消了。於是始皇分全國為三十六郡，每郡置守，掌民政；置尉，掌兵事；置監御史，掌監察。這種制度是仿效中央政府的。當時朝裡掌民政的最高官吏有丞相，掌兵事的最高官吏有太尉，掌監察的最高官吏有御史大夫。

　　這三十六郡的名稱和地位各是什麼，是現今史家還沒有完全解決的問題。大概而言，秦在開國初的境域，北邊包括今遼寧的南部，還有河北、山西及綏遠、寧夏兩省的南部；西邊包括甘肅和四川兩省的大部分；南邊包括湖南、江西和福建；東以福建至遼東的海岸為界。從前臣服於燕的朝鮮，

現在也成為秦的藩屬。此外,西北和西南邊外的蠻夷君長稱臣於秦的也有不少。我們試回想姬周帝國初建時,西則邦畿之外便是邊陲,南則巴蜀、吳、楚皆屬化外,沿海則有徐戎、淮夷、萊夷盤據,北則燕、晉已與戎狄雜處,而在這範圍裡,除了「邦畿千里」外,至少分立了一百三十以上的小國。我們拿這種情形和三十六郡一統的嬴秦帝國比較,便知道過去八九百年間,諸夏民族地盤的擴張和政治組織的進步了。嶧山的始皇紀功石刻裡說:

追念亂世,分土建邦,以開爭理。攻戰日作,流血於野。自泰古始,世無萬數,陀及五帝,莫能禁止。乃今皇帝,一家天下,兵不復起。災害滅除,黔首康定,利澤長久。

這些話一點也沒有過火。

在這幅員和組織都是空前的大帝國裡,如何永久維持皇室的統治權力,這是始皇滅六國後面對著的最大問題,且看他如何解答。帝國成立之初,始皇令全國「大酺」來慶祝(秦法平時是禁三人以上聚飲的)。當眾人還在醉夢中的時候,他突然宣布沒收民間一切的兵器。沒收所得被運到咸陽,鑄成無數大鐘和十二個各重一千石以上的「金人」,它們被放在宮廷裡。接著他又把全國最豪富的家族共十二萬戶

強迫遷到咸陽,放在中央的監視之下。沒有兵器,又沒有錢財,人民怎能夠作得起大亂來?

次年,始皇開始進行一件空前的大工程:建築脈通全國的「馳道」,分兩條幹線,皆從咸陽出發,其一東達燕、齊,其一南達吳、楚。道寬五十步,道旁每隔三丈種一株青松,路身築得堅而且厚,遇到容易崩壞的地段,還要打下銅樁。這宏大的工程,乃是始皇的軍事計劃的一部分。他滅六國後為防死灰復燃,當然不會讓各國餘剩的軍隊留存,但是偌大的疆土若用秦國原有的軍隊處處分派駐守,則分不勝分。而且若分得薄,一旦事變猝起,還是不夠應付;若分得厚,就會漸漸造成外重內輕的局面。始皇不但不肯採用重兵駐防的政策,還把舊有六國的邊城,除燕、趙北邊的以外,通通拆毀了。他讓秦國原有的軍隊依舊集中在秦國的本部,少數的地方兵只是警察的性質。馳道的建造,為的是讓中央軍在任何地方有叛亂的時候,可以迅速趕到去平定。歷來創業之主的軍事布置沒有比始皇更精明的了。(1896年李鴻章聘使歐洲,過德國,問軍事於俾斯麥,他的勸告有云:「練兵更有一事須知:一國的軍隊不必分駐,宜駐中權,扼要地,無論何時何地,有需兵力,聞令即行,但行軍的道路,當首先籌及。」這正是秦始皇所採的政策。)

武力的統治不夠，還要加上文化的統治；物質的繳械不夠，還要加上思想的繳械。始皇三十四年（始皇即帝位後不改元，其紀年通即王位以來計），韓非的愚民政策終於實現。始皇在朝廷裡養了七十多個儒生和學者，叫做博士。有一次某博士奉承了始皇一篇頌讚的大文章，始皇讀了甚為高興，另一位博士卻上書責備作者的阿諛，並且是古非今地對郡縣制度有所批評。始皇徵問李斯的意思，李斯復奏道：

古者天下散亂，莫之能一。是以諸侯並作，語皆道古以害今，飾虛言以亂實，人善其所私學，以非上所建立。今陛下并有天下，辨白黑而定一尊。而私學乃相與非法教之制，聞令下，即各以其私學議之，入則心非，出則巷議，非主以為名，異趣以為高，率群下以造謗。如此不禁，則主勢降乎上，黨與成乎下。禁之便。臣請史官非秦紀者，皆燒之。非博士官所職，天下敢有藏詩書百家語者，悉詣守尉雜燒之。有敢偶語詩書者，棄市。以古非今者，族。吏見知不舉者，與同罪。令下三十日不燒，黥為城旦（城旦者，旦起行治城，四歲刑）。所不去者，醫藥、卜筮、種樹之書。若有欲學，以吏為師。

始皇輕輕地在奏牘上批了一個「可」字，便造成了千古嘆恨的文化浩劫。

第一章　秦始皇與秦帝國

　　以上講的是始皇內防反側的辦法，現在再看他外除邊患的努力。自從戰國中期以來，為燕、趙、秦三國北方邊患的有兩個游牧民族，東胡和匈奴——總名為胡。東胡出沒於今河北的北邊和遼寧、熱河一帶，受它寇略的是燕、趙。匈奴出沒於今察哈爾、綏遠和晉、陝、甘的北邊一帶，燕、趙、秦受它寇略。這兩個民族，各包含若干散漫的部落，還沒有統一的政治組織。它們在戰國中期以前的歷史十分茫昧，不過它們和春秋時代各種名色的戎狄似是同一族類，但它們是否為這些戎狄中某部分的後身，還有它們和各種戎狄間的親誼是怎樣，現在都無從稽考了。現在所知道的秦以前的胡夏關係史中，只有三個搖旗吶喊的攘胡人物的活動。第一個是和楚懷王同時的趙武靈王。他首先採用胡人的特長來制胡人，首先脫卻長裙拖地的國裝，而穿上短衣露袴的胡服，以便學習騎戰。他領著新練的勁旅，向沿邊的匈奴部落進攻，將國土向西北拓展。在新邊界上，他築了一道長城，從察哈爾的蔚縣東北（代）至河套的西北角外（高闕），並且沿邊設了代、雁門和雲中三郡。第二個攘胡的英雄是秦舞陽（隨荊軻入秦的副使）的祖父秦開。他曾被「質」在東胡，甚得胡人的信任。歸燕國後，他率兵襲擊東胡，把他們驅逐到一千多裡外，這時大約是樂毅破齊前後。接著燕國也在新邊界上築了一道長城，從察哈爾宣化東北（造陽）至遼寧遼陽

縣北（襄平），並且沿邊設了上谷、漁陽、右北平、遼西和遼東五郡。秦開破東胡後，約莫三四十年，趙有名將李牧，戍雁門，代郡以備胡。他經過長期斂兵堅守，養精蓄銳，乘著匈奴的驕氣突然出戰，斬了匈奴十多萬騎，此後十幾年間，匈奴不敢走近趙邊。

當燕、趙對秦做最後掙扎時，根本無暇顧及塞外，而始皇初並六國忙著輯綏內部，也暫把邊事拋開，因此胡人得到了復興的機會。舊時趙武靈王取自匈奴的河套一帶，現在復歸於匈奴了，而始皇三十二年，甚至還出現了「亡秦者胡」的讖語。於是始皇派蒙恬領兵三十萬北征，不久就收復了河套，並且進展至套外，始皇在新得的土地上設了九原郡。為謀北邊的一勞永逸，始皇於三十三至三十四年間，又經始兩件宏大的工程：其一是從河套外的九原郡治起，築了一條長一千八百里的「直道」，直通關內的雲陽（今陝西淳化縣西北，從此至咸陽有涇、渭可通）；其二是把燕、趙北界的長城，和秦國舊有的西北邊城連線起來，大加修葺，傍山險，填溪谷，西起隴西郡的臨洮（今甘肅岷縣境），東迄遼東郡的碣石（在渤海岸朝鮮境），這就是後世有名的「萬里長城」。

始皇經營北邊，有一半是防守性質，但是他開闢南徼，

第一章　秦始皇與秦帝國

則是純粹的侵略。

現在的兩廣和安南，在秦時是「百越」（越與粵通）種族所居。這些種族和浙江的於越大約是同出一系的，但是文化較於越遠為落後。他們在秦以前的歷史完全是空白。在秦時，他們還過著半漁獵、半耕稼的生活，他們仰賴中國的銅鐵器，尤其是田器。他們還要從中國輸入馬、牛、羊，可見牧畜業在他們中間還不發達。不像北方游牧民族的獷悍，也沒有胡地生活的艱難，他們絕不致成為秦帝國的邊患，但是始皇卻不肯放過他們。滅六國後不久（始皇二十六年），他即派尉屠睢領著五十萬大軍去征百越，並派監祿鑿渠通湘、灘二水（灘水是珠江的上游），以便輸運。秦軍所向無敵，越人逃匿於深山叢林中。秦軍久戍，糧食不繼，士卒疲餓，越人乘機半夜出擊，大敗秦軍，殺屠睢。但始皇續派援兵，終於在三十三年把百越平定，並在他們的土地上，分置南海郡、桂林郡和象郡（南海郡略當今廣東省，桂林郡略當廣西省，象郡略當安南中北部）。百越置郡之後，當時中國人所知道的世界差不多就完全歸到始皇統治之下了。琅琊台的始皇紀功石刻裡說：

六合之內，皇帝之土。西涉流沙，南盡北戶，東有東海，北過大夏。人跡所至，無不臣者。

這石刻中所記竟去事實不遠了。

以上所述一切對外對內的大事業,使全國瞪眼咋舌的大事業,是始皇花了十年左右的時間完成的。

第一章　秦始皇與秦帝國

四　帝國的民生與發展

　　像始皇這樣的勵精刻苦，在歷代君主中確是罕見。國事無論大小，他都要親自裁決，有一個時期，他每日用衡石秤出一定分量的文牘，非批閱完了不肯休息。他在帝位的十二年中，有五年巡行在外，北邊去到長城的盡頭——碣石，南邊去到衡山和會稽嶺。他覺得自己的勞碌，無非是為著百姓的康寧。他對自己的期待，不僅是要成為一個英君，而且是要成為一個聖主。他唯恐自己的功德被時間掩沒。他在二十八年東巡時曾登嶧山，和鄒魯的儒生商議立石刻詞，為自己表揚功績；此後，他所到的勝地，大抵也都置有同類的紀念物。我們從這些銘文（現存的有嶧山、泰山、芝罘、琅琊、碣石、會稽六處的刻石文，原石唯琅琊的存一斷片）可以看見始皇的抱負。他「夙興夜寐，建設長利，專隆教誨」，他「憂恤黔首（秦稱庶民為黔首），朝夕不懈」，他「功蓋五帝，澤及牛馬」。對於禮教，他也盡了不少的力量。他明確立法：「飾省宣義，有子而嫁，倍死不貞；防隔內外，禁止淫泆，男女絜誠；夫為寄豭，殺之無罪，男秉義程；妻

為逃嫁，子不得母，咸化廉清；大治濯俗，天下承風，蒙被休經。」在他自己看來，人力所能做的好事，他都做了，而且他要做的事，從沒有做不到的。他從沒有一道命令，不成為事實，也從沒有一個抗逆他意旨的人，能保得住腦袋。

但是人總有遺憾，始皇唯一的遺憾就是志願無盡，而生命有窮。不過這也許有補救的辦法。海上不是據說有仙人所居的蓬萊、方丈、瀛洲三島嗎？仙人不是有長生不死的藥嗎？於是他即帝位的第三年，就派方士徐福（一作巿，音同）帶著童男女數千人，乘著樓船，入海去探求這種仙藥，可惜他們一去就渺無消息了（後來傳說徐福到了日本，成為日本人的祖先，那是不可靠的）。續派的方士回來說，海上有大鮫魚困住船隻，所以到不得蓬萊，始皇便派弓箭手跟他們入海，遇著這類可惡的動物便用連弩去射。船擺脫了鮫魚，但蓬萊還是找尋不著。

始皇只管忙著去求長生，他所「憂恤」的黔首卻似乎不識好歹，只盼望他速死！始皇三十六年，東郡（河北、山東毗連的一帶）落了一塊隕石，就有人在上面刻了「始皇死而地分」六個大字。

始皇能焚去一切《詩》、《書》和歷史的記錄，卻不能焚去人們記憶中的六國亡國史；他能繳去六國遺民的兵器，

第一章　秦始皇與秦帝國

卻不能繳去六國遺民（特別是一班遺老遺少）的亡國恨；他能將一部分六國的貴族遷到輦轂之下加以嚴密的監視，卻不能同樣處置全部的六國遺民。在舊楚國境內就流行著「楚雖三戶，亡秦必楚」的諺語。當他在二十九年東巡行到舊韓境的博浪沙（在今河南陽武縣東南）中時，就有人拿著大鐵椎狙擊他，中了副車，差一點把他擊死。他大索凶手，竟不能得。

而且始皇只管「憂恤黔首」，他的一切豐功烈績，乃是黔首的血淚造成的！誰為他築「馳道」、築「直道」、鑿運渠？是不用薪資去僱的黔首！誰為他去冰山雪海的北邊伐匈奴、修長城、守長城？誰為他去毒瘴嚴暑的南荒平百越、戍新郡？誰為他運糧轉餉，供給這兩方的遠征軍？都是被鞭撲迫促著就道的黔首！赴北邊的人，據說，死的十有六七；至於赴南越的，因為不服水土，情形只有更慘。人民被徵發出行，不論去從軍，或是去輸運，都好像被牽去殺頭一般，有的半途不堪虐待，就自縊在路邊的樹上，這樣的死屍沿路不斷地陳列著。最初徵發的是犯罪的官吏、「贅婿」和商賈，後來推廣到曾經做過商賈的人，最後又推廣到「閭左」──居住在里閭左邊的人。（贅婿大概是一種自己賣身的奴隸，即漢朝的贅子。商人儘先被徵發是始皇壓抑商人的手段之一。戰國時代，法家和儒家的荀子都認商人為不事生產而剝

削農民的大蠹,主張重農抑商。這政策為始皇採用,琅琊刻石就有「上農除末」之語。「閭左」在先徵之列者,蓋春秋戰國以來,除楚國外習俗忌左,居住在閭左的,大抵是下等人家。)徵發的不僅是男子,婦女也被徵去做運輸。有一次南越方面請求三萬個「無夫家」的女子去替軍士縫補,始皇批准了一萬五千。計蒙恬帶去北征的有三十萬人,屠睢帶去南征的有五十萬人,而後來添派的援兵和戍卒,及前後擔任運輸和其他力役的工人,當在兩軍的總數以上。為這兩方面的軍事,始皇至少摧殘了二百萬家。

這還不夠。始皇生平有一種不可多得的嗜好——欣賞建築。他東征以來,每滅一國,便把它的宮殿圖描畫下來,在咸陽渭水邊的北阪照樣起造。後來他又嫌秦國舊有的朝宮(朝會群臣的大禮堂)太過狹陋,便在渭南的上林苑裡另造一所,於三十五年動工。這次的工程首先是在阿房山上做朝宮的前殿,這殿東西廣五百步,南北長五十丈,上層可以坐一萬人,下層可以樹五丈的大旗;之後要從殿前築一條大道,達到南山的極峰,在上面樹立華表,當作朝宮的闕門,從殿後又築一條大道,渡過渭水,通到咸陽。先時始皇即王位後,便開始在驪山建築自己的陵墓,滅六國後撥了刑徒七十餘萬加入工作,到這時陵墓大半完成,乃分一部分工人到阿房去。這兩種工程先後雖只共用七十餘萬人,但是運送

第一章　秦始皇與秦帝國

工糧和材料（材料的取給遠至巴蜀荊楚）的伕役還不知數，而這些人卻多半是無罪的黔首。

這還不夠。上說種種空前的兵役和工程所需的糧餉和別項用費，除了從黔首身上出，還有什麼來源？據說始皇時代的賦稅，要取去人民收入的三分之二。這也許言之過甚，但是秦人經濟負擔的酷重，卻是可想見的了。

這依舊不夠。苦役重稅之上，還有嚴酷而且濫用的刑罰。秦的刑法，自商鞅以後，在列國當中已是最嚴苛的了。像連坐、夷三族等花樣，本就是六國人民所受不慣的，而始皇更挾著虩虎的威勢，去馭下臨民。且看幾件他殺人的故事。有一回他從山上望見丞相李斯隨從的車騎太多，不高興，李斯得知以後便把車騎減少，始皇追究走漏消息的人不得，便把當時在跟前的人通通殺了。東郡隕石上刻的字被發現後，始皇派御史去查辦，查不出罪人，便命把旁邊的居民通通殺了。又一回，有兩個方士不滿意始皇所為，暗地訕謗了他一頓逃去，始皇聞之大怒，又刺探得別的儒生對他也有不敬的話，便派御史去把咸陽的儒生都召來案問。這些儒生互相指攀，希圖免罪，結果牽涉了四百六十人，始皇命人把他們通通活埋了。這便是有名的「坑儒」事件。始皇的執法如此，經過他的選擇和示範，郡縣的官吏就很少不是酷

吏了。

但始皇的長子扶蘇卻是一個藹然仁者，對於始皇的暴行，他大不謂然。當坑儒命令下達時，他曾替諸儒緩頰，說他們都是誦法孔子的善士，若繩以重法，恐天下不安。始皇大怒，派他去北邊監蒙恬的軍，但是二世皇帝的位，始皇還是留給他的。及三十七年七月，始皇巡行至沙丘（今河北平鄉縣東北），病篤，便寫定遺書，召他回咸陽會葬並嗣位。書未發而始皇死，當時，書和璽印都在宦官趙高的手中，而始皇的死也只有趙高、李斯和另幾個宦官知道。趙高和蒙恬有仇隙，而蒙恬是太子的親信，李斯也恐怕蒙恬奪去他的相位，於是趙李合謀，一面祕不發喪，一面把遺書毀了，另造兩封偽詔，一封傳位給公子胡亥（當時從行而素與趙高親暱的），一封賜扶蘇、蒙恬死。後一封詔書到達時，扶蘇便要自殺，蒙恬卻疑心它是假的，勸扶蘇再去請示一遍，然後自殺不遲。扶蘇說：「父親要賜兒子死，還再請示什麼？」說完便立即自殺了。

胡亥即二世皇帝位時，才二十一歲。他別的都遠遜始皇，只有在殘暴上是「跨灶」的。趙高以擁戴的首功最受寵信，他處處要營私，只有在殘暴上是胡亥的真正助手。在始皇時代本已思亂的人民，此時便開始摩拳擦掌了。

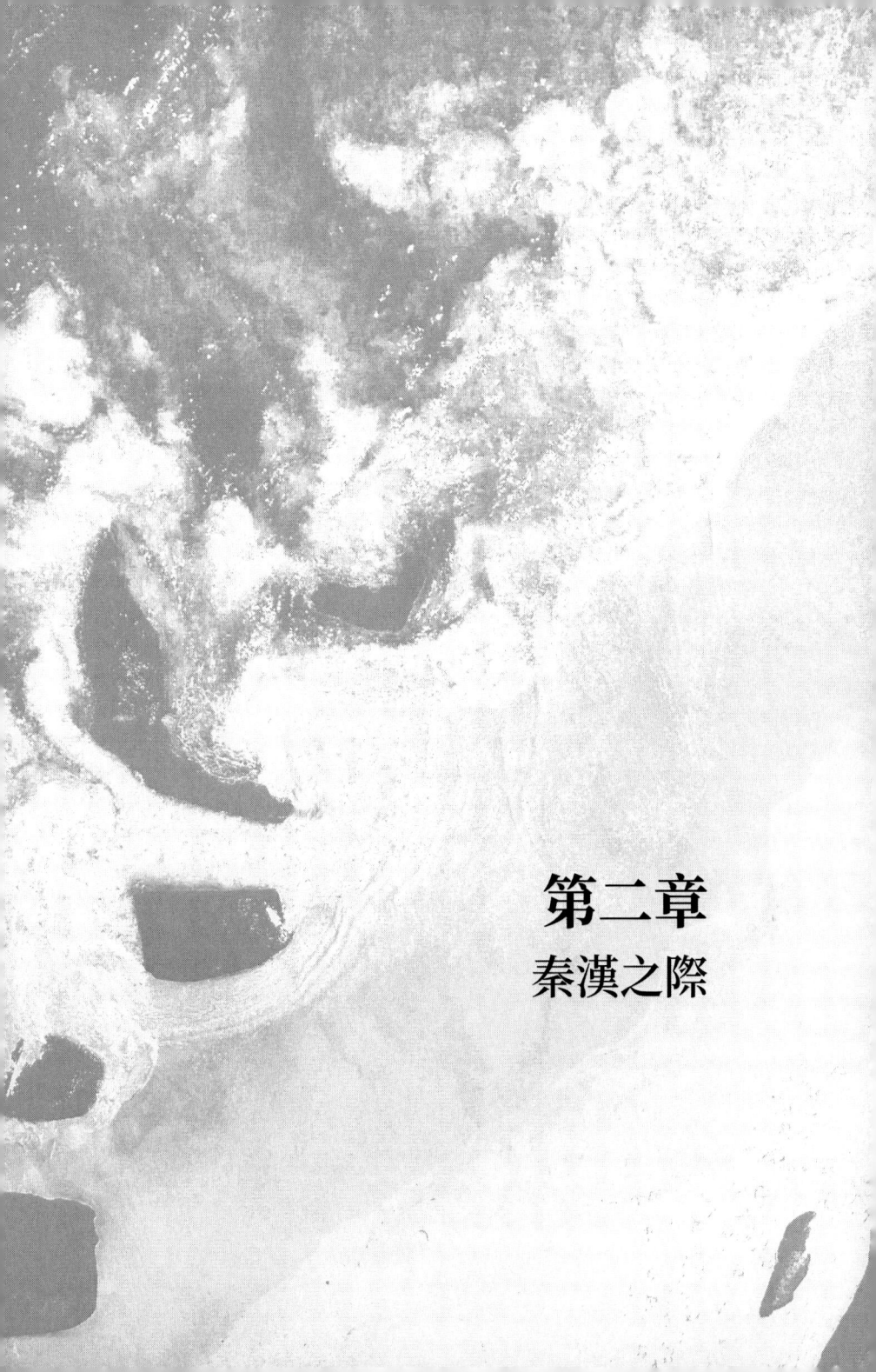

第二章

秦漢之際

第一卷　秦朝篇／張蔭麟

一　陳勝的起與滅

　　二世皇帝元年七月，在舊楚境的蘄縣大澤鄉停留著附近被徵發去防守漁陽的閭左兵九百人。適值大雨，道路不通，這隊伍已無法如期達到指定的處所。照當時的法律，將校誤期，要被處斬，於是有兩位下級將校陳勝和吳廣，便祕密圖謀免死的辦法。他們想，當今的二世皇帝並不是依法當立的，當立的乃是公子扶蘇，百姓多稱讚他的賢惠，卻不知道他已死，又有從前楚國最後抗秦而死的名將項燕，親愛士卒，很得民心，民間傳說他還活著，假如冒稱扶蘇項燕起兵，響應的必定很多。他們去問卜，卜者猜到來意，連稱大利，並最後說道：「你們何不再向鬼神占卜一下？」二人會意。

　　不幾天，兵士買魚，忽然在魚肝裡得著一小卷絹帛，上面寫著朱字：「陳勝王。」晚間，兵士又忽然發現附近樹林中的神祠裡有了火光，同時有怪聲從那裡傳來，像狐狸作人語道：「大楚興，陳勝王。」這種怪聲每每把兵士們從夢中驚醒。從此，他們遇到陳勝就會偷偷看著他竊竊私語。

第二章　秦漢之際

　　有一天統領官喝醉了酒，吳廣在旁，出言特別不遜。統領官大怒，鞭了他一頓，又把劍拔出。吳廣素來很得兵士的心，在旁的兵士都替他不平。他搶過了劍，把統領官殺掉，陳勝幫著他，把另外兩個將官也殺了。陳、吳號召軍中，大意說道：「你們因為大雨，已誤了期，誤了期就是處斬。即使不處斬，去戍守長城，也十有六七是要死的。大丈夫不死便了，死就要成個大名。王侯相將難道是生來就注定的嗎？」在全軍喧嚷應和之下，陳吳二人以扶蘇和項燕的名義樹起革命的旗幟。軍士袒著右臂，自號大楚。陳勝自立為將軍，吳廣為都尉。

　　旬日之間，大澤鄉、蘄縣、陳城和附近若干縣城皆落在革命軍之手，而革命軍在進攻陳城之時已有車六七百乘、騎千餘、步卒數萬人了。陳城在戰國末年曾一度為楚國都城，革命軍即以此為根據地。先前魏遺民大梁名士張耳、陳餘被秦廷懸賞緝捕，變姓名隱居於陳，陳勝既入陳，二人進謁。是時，陳中父老豪傑正議推陳勝為王，二人卻勸陳勝暫勿稱王，而應立即領兵西進，同時派人立六國王室之後，以廣樹秦敵，使秦的兵力因敵多而分散，因分散而薄弱，然後乘虛入據咸陽，以號令諸侯，諸侯感再造之德，必然歸服，如此則帝業可成。但陳勝不聽，遂受推戴為張楚王，都於陳，以吳廣為「假王」（假有「副」、「貳」之意）。

自陳勝發難後，素日痛恨秦吏的郡縣，隨著事變消息的傳到，紛紛戕殺守長，起兵響應。特別是在舊楚境內，幾千人成一夥的不可勝數。陳勝遣將招撫略地，分途進取，舉其要者，計有六路：其一，符離人葛嬰略蘄以東；其二，陳人武臣及張耳、陳餘略趙地；其三，魏人周巿略魏地；其四，吳廣西擊滎陽；其五，陳人周文（為一卜者，故項燕僚屬）西進，向函谷關；其六，銍人宋留取道南陽向武關。

葛嬰至東城，立襄強為楚王，後來聞得陳勝已在陳地自立為張楚王，乃殺襄強，歸陳覆命，陳勝誅之。

武臣到邯鄲即自立為趙王，分命張耳、陳餘為將相。陳勝聞訊大怒，把三人的家屬拘捕起來，將加誅戮，繼而聽了謀士的勸諫，又把他們遷到宮中。陳勝派人去向武臣等道賀，並請他們速即進兵關中。他們哪裡肯聽，卻派韓廣去略取燕地。韓廣至燕，旋即自立為燕王。

周巿定了魏地，東進至齊。時齊王室之後田儋已自立為齊王，以兵拒之。巿軍敗散，還歸於魏，魏人推戴他為王，他受應，卻要立魏王室之後魏咎。時咎在陳勝軍中，巿派人迎之，往返五次，陳勝才答應放他赴魏。

武臣之立在八月，韓廣、田儋之立在九月。周文的軍隊越過函谷關到達戲地亦在九月。戲地離咸陽不到一百里，此

時,周文的軍隊已增加到兵卒數十萬、車千餘乘了。東方變亂的真情趙高一直瞞著二世,到這時終於瞞不住了。可是秦廷有什麼辦法呢?帝國的軍隊幾乎盡在北邊和南越,急猝間調不回來,咸陽直是一座空城,二世只得赦免在驪山工作的刑徒,並解放奴隸所生的男子,派章邯帶去應戰。周文來勢雖盛,卻經不起章邯一擊便敗走出關。章邯追至澠池,又大破之,周文自剄死,其軍瓦解。這是二世二年十一月的事(秦以十月為首,二年十一月即在這一年正月之前,下仿此)。章邯乘勝東下。這時吳廣正圍滎陽不下,其部將田臧等私計,秦兵早晚要到,那時前後受敵,必無幸理,不如留少數軍隊看守住滎陽,而用全部精兵去迎擊章邯。他們認為吳廣驕不知兵,不足與謀,便假託陳王的命令把他殺掉,並把他的首級傳送至陳。陳王拜田臧為上將,並賜以楚令尹的印信。田臧迎擊章邯於敖倉,一戰敗死。章邯進擊至陳西,陳王出城監戰,軍敗遁走,他的御者某把他殺掉,拿他的首級去投降。這是十二月的事。

　　陳勝,字涉,少時在田間做工。有一次他放下鋤頭嘆氣痴想了許久,對一個同伴說道:「有一天我富貴了,定不會忘記你。」那位同伴笑道:「你做長工,怎樣富貴法?」後來陳勝做了張楚王,這位同伴便去叩閽求見,閽人幾乎要把他縛起來,憑他怎樣解釋總不肯為他傳達。他等陳勝駕出,攔

路叫喊,陳勝認得他,把他載歸宮裡。他看見殿堂深邃,帷帳重疊,不禁嚷道:「夥頤!涉之為王沉沉者!」楚人叫「多」為「夥頤」。由此「夥涉為王」傳為話柄。這客人出入王宮,揚揚自得,談起陳勝的舊事,如數家珍。有人對陳勝說,這客人無知妄言,輕損王威,陳勝便把他殺掉了。自此陳勝的故舊盡皆退避。

宋留已定南陽,南陽人聞陳勝死復叛歸於秦。宋留既無法入武關,東還至新蔡又與秦軍遇,便解甲投降了,秦把他解到咸陽車裂示眾。

章邯既破陳勝,遂進擊魏王咎於臨濟,圍其城。六月,齊王田儋救臨濟,敗死。同月魏咎自殺,臨濟降於秦。其後儋子市繼立為齊王,咎弟豹繼立為魏王。

二　項羽與鉅鹿之戰

　　項燕的先人累世做楚將,封於項,因以項為氏,而家於下相。項燕有子名項梁,梁有姪名籍字羽。項羽少時學書不成,棄去;學劍,又不成。項梁怒責他,他卻說:「書寫只可以記姓名罷了,劍是一人敵,也不值得學,要學就學萬人敵!」項梁於是教他兵法,但是他略通大意後,再不深求。

　　項梁曾因事殺人,帶著項羽逃匿於吳(今吳縣,秦會稽郡治),吳中名士大夫都奉他為領袖,遇到地方上有大徭役或大喪事,都請項梁主辦。項梁暗中用兵法約束賓客子弟,因此他的幹才為人所知。項羽長成,身材魁岸,力能扛鼎,尤為吳中子弟所敬畏。

　　二世元年九月,會稽郡守和項梁商議起兵響應陳勝,打算派項梁和某人為將,是時某人正逃匿於山澤中。項梁說,只有他的姪子知道某人所在。說完,他離座外出,對項羽囑咐了一番,又走進來,請郡守傳見項羽,使召某人。項羽進見後,項梁向他使個眼色,說道:「可以了!」項羽便拔劍,砍下了郡守的頭。項梁拿著郡守的首級佩了他的印綬。項羽

連殺了好幾十人,闔署懾伏聽命,共奉項梁為會稽守。項梁收召徒眾,得八千人。項羽為裨將,時年二十四。

二世二年二月,項梁叔姪率兵渡江而西。先時,廣陵人召平為陳勝取廣陵不下,聞陳勝敗走,秦兵將到,便渡江至吳,假傳陳勝之命,拜項梁為上柱國。項梁一路收納豪傑,到了下邳(今江蘇邳縣)已有了六七萬人。離下邳不遠,在彭城之東,有秦嘉所領的一支義軍,奉景駒(舊楚貴族景氏之後)為楚王。是時,眾尚不知陳勝的下落,於是項梁聲言秦嘉背叛陳王擅立景駒,大逆不道,即進擊之。秦嘉敗死,軍降,景駒走死。

既而項梁得知陳勝確實已死,乃從居巢老人范增之策,訪得楚王之孫(名心)於牧場中,立以為王,仍號楚懷王,都於盱眙(今江蘇盱眙縣),項梁自號武信君。這是六月的事。

自四月至八月間,項梁叔姪與秦軍轉戰於今蘇北、魯南及豫東一帶,連獲大捷,項梁由此輕視秦軍,時露驕色。部下宋義勸諫他道:「戰勝而將驕卒惰乃是敗征,現在士卒已漸形怠懈,而秦兵日增,大可憂慮。」但是項梁不以為意。九月,章邯得到關中派來眾盛的援兵之後還擊楚軍,大破之於定陶,項梁戰死。

第二章　秦漢之際

　　章邯破項梁軍，認為楚地無足憂慮，乃渡河擊趙。先時，趙地內亂，武臣被殺，張耳、陳餘訪得趙王室之後趙歇，繼立其為趙王，居信都。章邯入邯鄲，遷其民於河內，夷其城郭。張耳與趙王走入鉅鹿城，章邯使王離圍之，而自軍於鉅鹿南。陳餘北收兵於常山，得數萬人，軍於鉅鹿北。鉅鹿城被圍數月，糧乏兵單，危在旦夕，求援於陳餘，而陳以力薄非秦敵為由，按兵不肯動。

　　項梁死後，楚軍集中於彭地附近，懷王亦移節於彭城。鉅鹿圍急求救於諸侯，懷王擬派兵赴之。宋義自預言項梁之敗而中，以知兵名於楚軍。懷王召他來籌商，聽了他的議論，大為讚賞，指派他為援趙軍的統帥，稱上將軍，以長安侯項羽為次將軍，范增為末將。宋義行至安陽（河南今縣），逗留四十六日不進。項羽主張急速渡河，與趙軍內外夾擊秦軍，但宋義卻主張先讓趙、秦決戰，然後秦勝則乘其疲敝而擊之，秦敗則引兵西行，乘虛襲取咸陽。宋義還嚴申軍令，禁止異動。

　　宋義派其子某為齊相，大排筵席為其餞行。是時歲荒糧絀，又適值天寒大雨，士卒飢凍。項羽昌言軍中，責備宋義但顧私圖，不恤士卒，不忠楚王。一天早晨，項羽朝見宋義，在帳中把他的頭砍下，號令軍中，說他通齊反楚，奉懷

王令把他誅戮。諸將盡皆懾服，共推他為「假上將軍」。項羽使人報告懷王，懷王就命他代為上將軍。自殺了宋義之後，項羽威震楚國，名聞諸侯。

項羽既受了援趙軍統帥之任，立即派二萬人渡河救鉅鹿。先鋒連獲小勝，陳餘又請添兵，項羽於是率全軍渡河。既渡，令鑿沉船隻，破毀釜甑，焚燒房舍，士卒每人只帶三日糧，示以決死無歸還之心。既至鉅鹿，反圍王離，九戰秦軍，絕其糧道，大破之，王離被虜，其部下要將或戰死或自殺。這是二世三年十二月的事。

先前諸侯援軍營於鉅鹿城外，營地四周建了不下十幾個壁壘，都不敢出戰。及楚軍開始進攻，諸侯軍將領皆從壁上觀看，見楚兵以一當十，吶喊聲驚天動地，諸侯軍士卒無不心驚膽震。項羽既破秦軍，召見諸侯軍將領，他們將入轅門，個個膝行而前，不敢抬頭瞻望。於是項羽成了聯軍的統帥，諸侯軍將領皆隸他麾下。

是時章邯尚軍於鉅鹿南，外見迫於項羽，內受二世的責備，又見疾於趙高，陷入進退維谷之境。陳餘乘機投書給他，說道：

白起為秦將，南征鄢郢，北坑馬服（馬服謂趙將馬服君趙奢之子括，此指長平之戰），攻城略地，不可勝計，而竟

賜死。蒙恬為秦將,北逐戎人,開榆中地數千里,竟斬陽周。何者?功多,秦不能盡封,因以法誅之。今將軍為秦將三歲矣,所失亡以十萬數,而諸侯並起,滋益多。彼趙高素諛日久,今事急,亦恐二世誅之,故欲以法誅將軍以塞責,使人更代將軍,以脫其禍。夫將軍居外久,多內隙,有功亦誅,無功亦誅。且天之亡秦,無愚智皆知之。今將軍內不能直諫,外為亡國將,孤特獨立而欲常存,豈不哀哉?將軍何不還兵,與諸侯為縱,約共攻秦,分王其地,南面稱孤,此孰與身伏鑕、妻子為僇乎?

章邯得書,心中更加狐疑,祕密派人和項羽議降。議未成,項羽連線進擊章邯軍,大破之。章邯遂決定投降,項羽以軍中糧絀許之。二世三年七月,章邯與項羽相會於洹水南殷墟上(即今河南安陽殷墟),立盟定約。章邯與項羽言及趙高事,為之淚下。

第一卷　秦朝篇／張蔭麟

三　劉邦的崛起與關中淪陷

當懷王派定了宋義等北上援趙之際,又派碭郡長武安侯劉邦西行略地,向關中出發。

劉邦,字季,泗川郡沛縣(今江蘇沛縣)人。他家世寒微,從小卻不肯學習生產技藝,壯年做了本縣的泗水亭長(秦制若干戶為一里,十里為一亭,十亭為一鄉)。他使酒好色,卻和易近人,疏財樂施,縣署的屬吏常與他嘻嘻哈哈地大開玩笑。有一次,縣長的舊友呂公來沛縣作客,縣中屬吏都去拜賀,蕭何替他收禮,宣告賀禮不滿千錢的坐在堂下。劉季騙閽人道:「賀禮萬錢!」實則不名一錢。閽人領了他進來,呂公看了他的相貌大為驚訝,特加敬重。蕭何笑道:「劉季只會吹牛,本領有限。」劉季滿不在乎地據了上位,嘲弄座客,言語之間,一點也沒有屈服。酒罷,呂公暗中使眼色留他。客散之後,呂公對他說,自己生平喜歡看相,看過的相也不少,但是從未見過他這樣好的相貌,望他自愛。就在這一次敘會中,呂公把女兒許嫁了給他,後來呂婆雖嚴重抗議也無效。

第二章　秦漢之際

　　秦朝初年徵各地刑徒赴驪山工作，沛縣的刑徒便是由泗水亭長押去。這些刑徒半路便逃脫了許多。劉季預計，到得驪山時，他們勢必會跑個精光。行至豐縣西澤，他停下痛飲，半夜，便把剩下的刑徒通通放了，自己也準備逃亡。刑徒中有十幾個壯漢要跟隨他，劉季於是領了這班人匿在芒、碭兩縣的山澤岩石之間。他們維持生活的方法似乎是不很名譽的，所以歷史上沒有交代。

　　陳勝發難後，沛縣縣令打算響應。縣吏蕭何和曹參替他計議，認為他以秦吏背秦，恐怕沛中子弟不服，不如把本縣逃亡在外的壯士召來，可得幾百人，有他們相助，眾人就不敢不聽命了。於是縣令派樊噲去招劉季。這樊噲是劉季的黨羽，以屠狗為業。劉季率領著部下約莫一百人，跟著樊噲回來，沒想到沛令反悔，閉城不納，還打算把蕭、曹二人殺掉。二人跳城投奔劉季。劉季射書城上，勸縣人誅沛令起事，否則城破之後，以屠城對付。縣人遂共殺沛令，開城相迎。劉季受父老推戴為沛公，收縣中子弟二三千人。這是二世元年九月的事。此後七個月內，劉季轉戰於今獨山湖以西蘇魯兩省相接之境，先後取沛（今江蘇沛縣）、豐（今江蘇豐縣）、碭（今安徽碭山縣）做根據地。替劉季守豐的部將叛而附魏，劉季攻他不下，走去留縣求助於景駒。他始終沒有得景駒的幫助，卻在留遇到了張良。張良原是韓國的貴公子，

其先人五世相韓，亡國後散家財謀報國仇。秦始皇在博浪沙遇刺，那凶手就是他所買的。這時他領了一百多個少年，相投景駒，遇了劉季，情投意合，便以眾相從。後來楚懷王既立，張良說動了項梁，更立故韓公子韓成為韓王，之後他只得辭別劉季，往佐韓王。

景駒敗死後，劉季往見項梁。項梁補充他五千人，他得了這援助，才於二世二年四月把豐縣攻下。從此劉季歸附了項梁。他和項羽似乎很相得，兩人總是共領一軍出戰或同當一面，像是形影不離的。據說當懷王派劉季西行時，項羽也請求同往，只是懷王左右的老將們極力反對。他們以為項羽剽悍殘暴，是屠城的能手，而關中人民久苦苛政，需要德服，他一去，反失人心。唯有劉季，忠厚和者，可勝宣撫之任。懷王因此不許項羽和劉季偕行。

宋義、項羽等北上救趙之軍和劉季西進之軍，同於二世二年閏九月（當時稱後九月）分途出發。劉季轉戰於今豫東、豫南，取道南陽以向武關。這時秦軍的主力被牽制在河北，這一路的楚軍並未遇到勁敵。劉季從洛陽南下，復與張良相會。先時，張良同韓王領兵千餘，西略韓地，取了數城，但是又被秦軍奪回，只得在潁川一帶打游擊戰。至是，他領兵與劉季合，占領了韓地十餘城。劉季令韓王留守

陽翟，自己則同張良前進，略南陽郡。郡守兵敗，退守宛地，劉季便越過宛城而西。張良諫道：「現在雖急於入關，但關中兵尚眾，且憑險相拒，若不攻下宛城，腹背受敵，這是危道。」劉季便半夜隱匿旗幟，繞道回軍，黎明，圍宛城三匝。南陽守以城降，劉季封他為殷侯。由此西至武關，一路所經城邑紛紛迎降。二世三年八月武關陷。是月，趙高弒二世，使人來約降，劉季等以為詐，繼進。九月嶢關陷。劉季初欲急攻嶢關，張良以為守將乃屠戶之子，可以利動，於是楚軍一面派人先行，預備五萬人的餐食，並在山上多樹旗幟為疑兵，一面派人拿重寶去遊說守將，守將果然變志，願和楚軍同入咸陽。劉季將要答應他，但張良認為只是守將要反，怕士卒不從，不從可危，不如乘其怠懈進擊。劉季依計，遂破嶢關。是月，秦軍再戰於藍田南，復大敗。次月，劉季入咸陽。先時趙高既弒二世，繼立其姪子嬰，貶去帝號，稱秦王，子嬰又襲殺趙高。至是，子嬰以繩繫頸，乘素車白馬，捧著皇帝的璽印，迎接劉季於灞上（今陝西西安市東十三里）的幟道旁。

秦曆以九月為歲終，而秦可說是終於二世三年九月。此後五十四個月，即四年半後，劉季乃即皇帝位，漢朝開始。中間紀事，係年係月，甚成問題。若用西元，年次固可約略相附，但是月分則尚無正確的對照。漢人以二世三年之後為

漢元年,且漢初沿秦曆法,以十月為歲首,故以漢元年十月接秦二世三年九月。但此時尚無漢朝,何有漢年?今別無善法,只得依之。

四　項羽在關中

劉季到了咸陽,看著堂皇的宮殿、縟麗的帷帳和無數的美女狗馬珍寶,便住下不肯出。最後是奈不得樊噲和張良苦勸婉諫,才把宮中的財富和府庫封起,退駐灞上,以等待各方的領袖來共同處分。他又把父老召來,宣布廢除秦朝的苛法,只約法三章:「殺人者死,傷人及盜抵罪。」人民大喜,紛紛送上牛羊來犒軍,劉季一概辭謝不受。

項羽既定河北,率楚軍、諸侯軍及秦降軍西向關中,行至新安,聞秦降卒有怨聲,慮其為變,盡坑之。

當初懷王曾與諸將約,誰先入關中,即以此地封他為王,劉邦因此以關中的主人自居。而項羽西進之前已封了章邯為雍王(秦地古稱雍州),大有否認懷王初約之意。劉季聞訊,派兵守函谷關,拒外軍入境,同時徵關中人民入伍以擴充實力。

項羽至函谷關,不得入,大怒,攻破之,進駐鴻門,與劉季軍相距只四十里。是時,項羽軍四十萬,號百萬;劉季軍十萬,號二十萬。項羽大饗軍士預備進攻。項羽的叔父項

伯曾受張良救命之恩,半夜去跟張良通消息,勸張良快跟他走,張良卻替劉季拉攏他。劉季與項伯一見如故,杯酒交歡,約為婚姻。劉季道:「我入關以來,秋毫不敢有所沾染,簿籍吏民,封閉府庫,以等待項將軍。派人守關,只是警備盜賊。日夜盼望項將軍到,哪裡敢反?」他懇求項伯代為解釋,項伯答應了,並約他次日早晨親到鴻門營中來。

項羽聽了項伯的話,芥蒂已消,又見劉邦親到,反而高興起來,留他宴飲。項羽、項伯坐西,范增坐北,劉季坐南,張良坐東。范增力主剪除劉季,席間屢次遞眼色給項羽,同時舉起所佩的玉玦,示意項羽盡快決斷,但是項羽都黯然不應。范增出去,一會兒又進來。隨後不久,項莊入來奉酒,奉畢說道:「君王和沛公飲酒,軍營裡沒有什麼可以助興的,讓我來舞劍!」項羽說:「好!」項莊便舞起劍來,項伯亦拔劍起舞。項莊屢屢逼近劉季,項伯屢屢掩護著劉季。正對舞間,張良出去,一會兒又進來。隨後,門外喧嚷聲起,一人帶劍持盾闖進帳中,鼓起眼睛盯著項羽。

項羽按劍翹身(時席地坐),問他要做什麼。張良說:「那是沛公的驂乘樊噲。」項羽說:「壯士!賞他酒。」於是軍士上前給了樊噲一大杯。樊噲拜謝了,一口喝乾。項羽說:「賞他一個豬肩!」軍士拿上來一隻生的。樊噲把盾覆

在地上,把豬肩放在盾上,拔劍切肉便啖。項羽問他可還能飲不,他說:「臣死也不避,何況杯酒?」接著他痛陳劉季的功勞,力數項羽的不是。項羽無話可答,只請他坐,他便挨張良坐下。自從樊噲闖入,舞劍便停止了。樊噲坐下不久,劉季說要如廁,藉機走開,張良跟著他。過了許久,張良單獨回來,帶了好些玉器。張良作禮道:「沛公很抱歉,因飲酒過多,不能親來告辭。託下臣帶了白璧一對獻與大王(項羽),玉斗(酒器)一對獻與大將軍(范增)。」項羽問沛公在哪裡,張良說:「他聽說大王有意責難他,已回營去了。」項羽收下白璧,放在幾上,范增則把玉斗扔在地下,拔劍撞了個粉碎。

隨後項羽入咸陽,屠城,殺子嬰,燒秦宮室,收財寶婦女,然後發號施令,分割天下。他尊懷王為義帝,卻只給他湘江上游的彈丸之地,令他都於郴(今湖南郴州境內)。之後項羽自立為西楚霸王,占舊楚魏地九郡,都於彭城。此外他還封立了十八個王國,列表如下:

王號	姓名	原來地位	國都	領地	附注
漢王	劉季		南鄭	漢中、巴蜀	

王號	姓名	原來地位	國都	領地	附注
雍王	章邯	秦降將	廢丘	咸陽以西	三人共分關中地,三國合稱三秦
塞王	司馬欣	章邯部下長史	櫟陽	咸陽以東至河	
翟王	董翳	章邯部下都尉	高奴	上郡	
西魏王	魏豹	魏王	平陽	河東	
河南王	申陽	張耳部將,先定河南	洛陽	河南郡	
韓王	韓成	韓王	陽翟	韓地若干郡	
殷王	司馬卬	趙將,先定河內	朝歌	河內	
代王	趙歇	趙王		代郡	
常山王	張耳	趙相,從項羽入關	襄國	趙地大部分	
九江王	英布	項羽部將	六	九江郡一帶	後降劉季,封淮南王
衡山王	吳芮	百越君長,從入關	邾	楚地一部分	

第二章　秦漢之際

王號	姓名	原來地位	國都	領地	附注
臨江王	共敖	懷王柱國	江陵	楚地一部分	死於漢三年；子尉嗣，四年十二月為漢所虜
遼東王	韓廣	燕王		遼東	後拒臧荼，為其所殺
燕王	臧荼	燕將，從項羽入關	薊	燕地大部分	
膠東王	田市	齊王	即墨	齊地一部分	
齊王	田都	齊將	臨淄	齊地大部分	
濟北王	田安	齊王室後，項羽部將	博陽	齊地一部分	

我們看這表便可知道，其中哪些是不曾悅服項羽而被宰割的人。劉季指望割據關中而只得到僻遠的漢中和巴蜀，這就不用說了。魏豹由魏王而縮為西魏王，趙歇由趙王而縮為代王，田市由齊王而縮為膠東王，韓廣由燕王而縮為遼東王，都是受了黜降的。此外，項羽在瓜分天下時所樹的敵人，不見於表中的還有故齊相田榮和故趙將陳餘。當初田儋戰死後，齊人立田假為王，田榮（田儋弟）逐田假，更立儋子田市而專齊政。田假走依項梁，由此田榮與項氏有隙。項

055

羽以齊地分王田巿、田都、田安,而田榮無分,田榮怎肯甘心?陳餘本與張耳為「刎頸交」,鉅鹿之圍時,張求援於陳,而陳竟以利害計較,按兵不動,兩人從此成仇。但是兩人的「革命功績」實不相上下。項羽因張耳相從入關,便以趙地的大部分封他為常山王,而僅以南皮等三縣之地封陳餘為侯,陳餘由此深怨項羽。

五　楚漢之戰及其結局

漢元年四月，在咸陽新受封的諸王分別就國。張良辭別劉季，往佐韓王，卻送劉季到褒中。臨別，張良勸他燒絕所過棧道，以示無北還之心，劉季依計。

五月，田榮發兵拒田都，擊走之。田榮留田市，不讓他赴膠東。田市懼怕項羽，逃亡就國。田榮追殺之，並自立為齊王。是時昌邑人彭越（以盜賊起）聚眾萬餘人於鉅野，無所屬。田榮給他將軍印，使其攻濟北。越擊殺濟北王，於是田榮盡有全齊之地。彭越又進擊楚軍，大破之。陳餘請得田榮的助兵，並盡發南皮三縣兵，共襲常山，張耳敗逃。二年十月陳餘迎故趙王歇於代，復立為趙王。至此，齊、趙兩地盡反楚。是月，義帝在就國途中，被項羽命人襲殺於江上。

劉季乘齊變，於元年八月突入關中。章邯兵敗，被圍於廢丘（二年六月廢丘始陷，章邯自殺）。塞王、翟王皆降漢。先時項羽挾韓王成歸彭城，不使就國，繼廢之為侯，繼又殺之，於是張良逃就劉季於關中。劉季以故韓襄王（戰國時）之孫信為韓太尉，使張良將兵取韓地。二年十一月，韓

地既定,劉季立信為韓王。先時河南王申陽亦降漢。

項羽權衡西北兩方敵人的輕重,決定首先擊齊。二年正月,他大敗田榮於城陽,田榮遁逃,為人民所殺。項羽入城,坑降卒,之後提兵北進,一路毀城放火,擄掠婦女。齊人怨叛。榮弟田橫,收散兵,得數萬人,復返城陽。項羽還戰,竟相持不下。劉季乘齊楚相鬥之際東進,降西魏王豹,虜殷王卬,為義帝發喪,率諸侯兵五十六萬伐楚,遂入彭城。項羽以精兵三萬人還戰,漢軍大潰,被擠落谷水和泗水死的據說有十餘萬人。再戰靈壁東,漢軍又潰,被擠落睢水死的據說也有十餘萬人,睢水幾乎被死屍填塞了。楚軍圍了劉季三匝。適值大風從西北起,折樹發屋,飛沙走石,陰霾蔽天,白晝昏黑。楚軍逆著颶風,頓時散亂,劉季才得帶了幾十騎遁走。但是項羽一離開齊,田橫復定齊地,立田榮子田廣為王。劉季收聚散卒,又得蕭何徵調關中壯丁轉運關中糧食來援,固守滎陽、成皋,軍勢復振。先時魏王豹於漢軍敗後,復叛歸楚,漢使淮陰人韓信擊之。九月,韓信俘魏王豹,定魏地。

此後戰爭的發展,可分為三個階段。

第一階段到漢三年九月為止。在這個階段,漢正面大敗,而側面猛進。在正面,漢失滎陽、成皋(都在今河南成

皋縣境，滎陽在東，成皋在西）。劉季先後從滎陽、成皋突圍先遁。其出滎陽時，將軍紀信假扮著他，從東門出，以誑楚軍，他才得從西門逃走，紀信因此被燒殺。在側面，韓信取趙。先時，張耳敗走，投奔漢，劉季微時曾為張耳客，因善待之。及會諸侯兵伐楚，求助於趙，陳餘以漢殺張耳為條件。劉季把一個貌似張耳的人殺了，拿首級送去，陳餘才派兵相助。後來陳餘聞得張耳未死，便絕漢。漢使韓信擊趙，殺陳餘。在這階段，還有兩件大事可紀。其一，楚將九江王英布先已離心，又受了漢所遣辯士的誘說，遂舉九江降漢。英布旋被項羽擊敗，隻身逃入漢，但是項羽已失去一有力臂助了。其二，項羽中了漢的反間計，對一向最得力的謀臣范增起了猜疑，范增憤而告退，歸近彭城，疽發背死。

第二階段至漢四年九月。在這個階段，韓信南下取齊，楚軍援齊大敗，韓信遂定齊地。而彭越（於田榮死後歸漢）為漢守魏地，時出遊兵斷楚糧道，滎陽、成皋的楚軍大窘。項羽抽軍自領回擊彭越，漢乘機收復成皋，並進圍滎陽。項羽引兵還廣武（在滎陽附近，滎澤與汜水之間），與漢相持數月。項羽因前方糧絀後方又受韓信的包抄，想和漢決一死戰，而漢卻按兵不出，於是他只得與漢約和。雙方約定，楚漢中分天下，以鴻溝（在廣武、滎澤間）為界準，其東屬

楚,其西屬漢,除此之外,楚還要放還先前所擄漢王之父及妻。約成,項羽便罷兵東歸。

以下是最後階級。初時劉季也打算罷兵西歸,但是張良等力勸乘勢滅楚。五年十月,漢追擊項羽軍於固陵(今河南淮陽縣西北),大敗之。劉季約韓信、彭越會師,而二人不至。先時韓信既定齊,自請立為齊王,劉季忍怒許之,彭越只拜魏相國。至是張良獻計:韓信故鄉在楚,指望做楚王,而彭越據魏地,亦指望做魏王,若能犧牲楚、魏二地的一部分,許與他們,他們必然效命。劉季依計,二人立即會師。十一月,漢遣別將渡淮圍壽春,又誘降楚舒城守將,以舒屠六。十二月,項羽至垓下(今安徽靈璧縣東南),兵少食盡,漢軍圍之數重。項羽率八百餘騎潰圍而出,到了長江西岸的烏江(今安徽和縣東北烏江浦)只剩下二十六騎。烏江渡口單擺著一隻小船,烏江亭長請他立即下渡,說道:「江東雖小,也有幾千里地,幾十萬人;現在只有這一隻船,漢兵即使追來,也無法飛渡。」項羽說:「我當初領江東子弟八千,渡江西去,如今無一人歸還,即使江東父老憐恤我,奉我為王,我又有何面目再見他們?他們即使不說話,難道我不問心有愧?」於是他把所乘的騅馬賞給了亭長,令他先走,自己與從人步行,持短兵接戰。他接連殺了幾百人,身

第二章　秦漢之際

上受了十幾傷,然後拔劍自刎。

正月,漢王立韓信為楚王,領淮北,都下邳;立彭越為梁王,領魏地,都定陶。隨後,諸侯向漢王上了一封獻進書,內容如下:

楚王韓信、韓王信、淮南王英布、梁王彭越、故衡山王吳芮(項羽所立,旋廢之)、趙王張敖(漢立張耳為趙王,先時已死,其子敖嗣)、燕王臧荼昧死再拜言:大王陛下,先時秦為無道,天下誅之,大王先得秦王,定關中,於天下功最多。存亡定危,救敗繼絕,以安萬民,功盛德厚,又加惠於諸侯王,有功者使得立社稷。地分已定,而位號比擬,亡上下之分,大王功德之著於後世不宣。昧死再拜上皇帝尊號。

劉季經過一番遜讓之後,於二月即皇帝位於定陶附近的氾水之南。是月封吳芮為長沙王,領長沙、象郡、桂林、南海四郡;又封故粵王無諸(秦所廢,後從諸侯伐秦)為閩粵王,領閩中地。初定都洛陽,五月遷都於長安。

劉季做了七年皇帝(西元前 202 年至西元前 195 年)而死,廟號太祖高皇帝。(《廣陽雜記》卷二:「考得高祖起沛年四十八,崩時年六十三。」不知何據。)

第二卷
西漢篇／張蔭麟

第一章
大漢帝國的發展

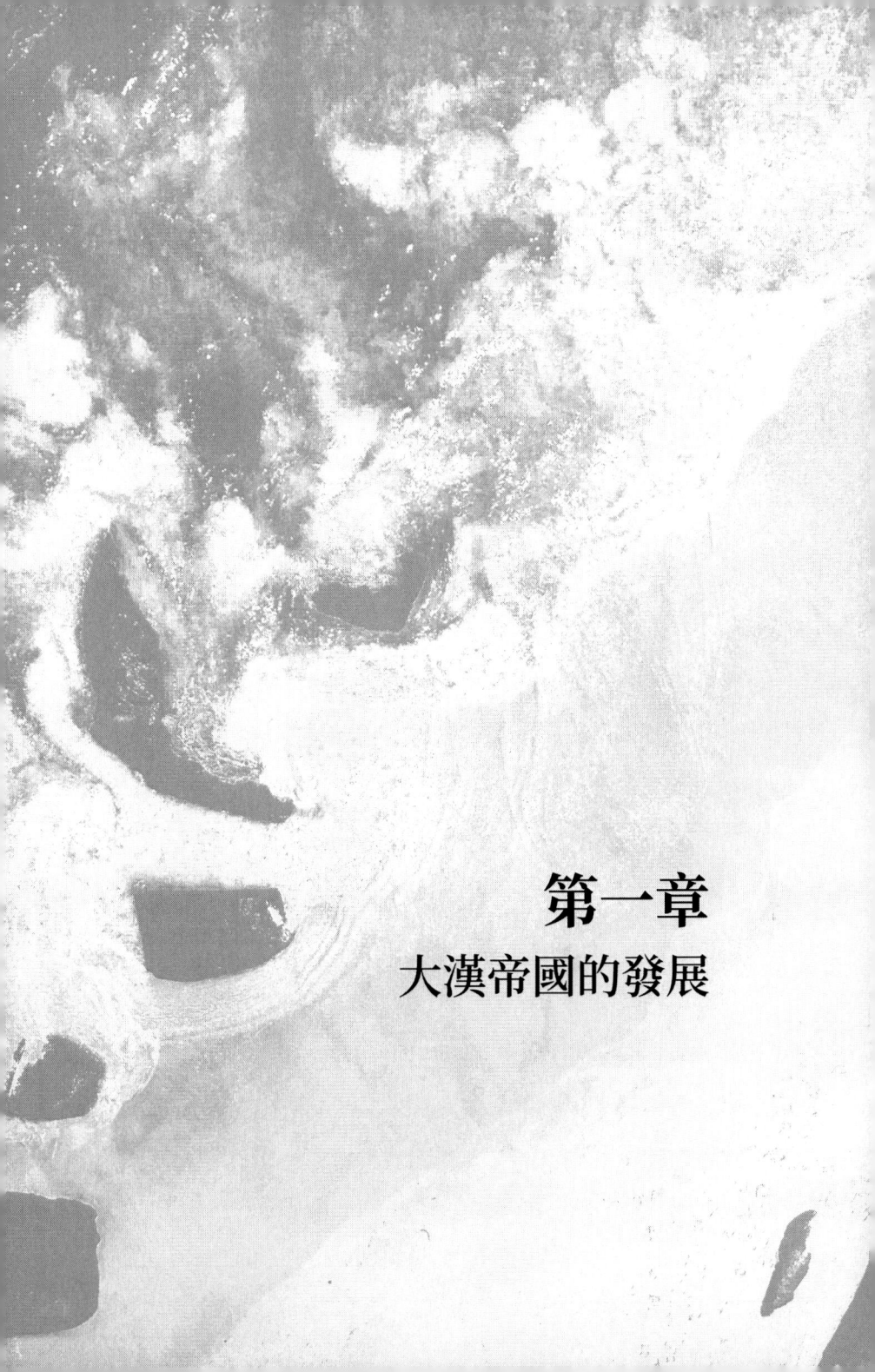

第二卷　西漢篇／張蔭麟

一　純郡縣制的重建

　　劉邦即帝位之初，除封了七個異姓的「諸侯王」外，又陸續封了一百三十多個功臣為「列侯」。漢朝的封君，主要的就是這諸侯王和列侯兩級。在漢初，這兩級的差異是很大的。第一，王國的境土「多者百餘城，少者乃三四十縣」，這七個王國合起來就占了「天下」的一大半，但是侯國卻很少有大過一縣的。劉邦序次功臣，以蕭何為首，而蕭何初受封為酇侯時，只食邑八千戶；後來劉邦想起從前徭役咸陽時，蕭何多送了二百錢的賻，又加封給他二千戶；後來蕭何做到相國，又加封五千戶，合共一萬五千戶。終漢之世，也絕少有超過四萬戶的列侯。第二，諸侯王除享受本國的租稅和徭役外，還握著本國政權的大部分。漢代中央的官制大抵抄襲秦朝，而王國的官制是和中央一樣的，於是中央有丞相，王國也有之；中央有御史大夫，王國也有之；中央有太尉，王國則有中尉。王國的官吏，除丞相外，皆由諸侯王任免。但列侯在本「國」，只享受額定若干戶的租稅和徭役（譬如某列侯食五千戶，而該國的民戶超過此數，則餘戶的

租稅仍歸中央),並沒有統治權。他們有的住長安,有的在別處做官,多不在本國。侯國的「相」實際是中央所派的地方官,和非封區裡的縣令或縣長相等(漢制萬戶以上的縣置令,萬戶以下的縣置長),他替列侯徵收租稅,卻不臣屬於列侯。在封君當中,朝廷所須防備的只有諸侯王,列侯在政治上是無足輕重的。

最初,諸侯王都是異姓的。異姓諸侯王的存在並非劉邦所甘願,只是他們在新朝成立之前都早已據地為王。假如劉邦滅項之後,不肯承認他們既得的地位,他們在自危之下,必會聯合起來抵抗劉邦,到時劉邦能否做得成皇帝,還未可知。所以當劉邦向群臣詢問自己所以成功的原因,就有人答道:

陛下慢而侮人,項羽仁而愛人。然陛下使人攻城略地,所降下者,因以予之,與天下同利也。項羽妒賢嫉能,有功者害之,賢者疑之,戰勝而不予人功,得地而不予人利,此所以失天下也。

不過劉邦在未做皇帝之前,固能「與天下同利」,做了皇帝之後就不然了。他在帝位未坐穩之前,不能把殘餘的割據勢力一網打盡,但是在帝位坐穩之後,卻可以把他們各個擊破。他最初所封諸王,除了僅有眾二萬五千戶的長沙王外,

其他的後來都被他解決了。假如劉邦有意重振前朝的純郡縣制度，他可以把異姓諸侯王的國土陸續收歸中央，因為此時純郡縣制度恢復的主要障礙似乎只是心理的。但是秦行純郡縣制十五年而亡，周行「封建」享祀八百年，這個當頭的歷史教訓，使得劉邦和他的謀臣認「封建」制為天經地義。於是異姓的「諸侯王」逐漸為劉邦的兄弟子姪所替代，到後來，他立誓：「非劉氏而王者，天下共擊之。」不過漢初的「封建」制和周代的「封建」制，名目雖同，實則大異。在周代，邦畿和藩國都包含著無數政長而兼地主的小封君，但是在漢初，邦畿和藩國已郡縣化了，而且後來朝廷對藩國的控制也嚴得多：藩國的兵符掌在朝廷所派的丞相手裡，諸王侯非得他的同意不能發兵。

在高帝看來，清一色的劉家天下比之宗室和異姓雜封的周朝，應當穩固得多了，但事實卻不然。他死後不到二十年，中央對諸侯王國的駕馭就已成為問題。文帝初即位的六年間，濟北王和淮南王先後叛變，雖然他們旋即被滅，但擁有五十餘城的吳王濞又露出不臣的形跡。他收容中央和別國的逃犯，將其用為爪牙；又倚恃自己鎔山為錢、煮海為鹽的富力，把國內的賦稅免掉，以收買人心。適值吳太子入朝，和皇太子（即後日的景帝）賭博，爭吵起來，被皇太子當場用博局格殺了，從此吳子濞一面稱病不朝，一面加緊「積金

第一章　大漢帝國的發展

錢，修兵革，聚穀食」。文帝六年，聰明蓋世的洛陽少年賈誼（時為梁王太傅）上了有名的〈治安策〉，認為時事有「可為痛哭者一，可為流涕者一（今本作可為流涕者三，據夏炘《賈誼政事疏考補》改），可為長太息者六。」其「可為痛哭者一」便是諸侯王的強大難制。他比喻道：「天下之勢，方病大瘇，一脛之大幾如腰，一指之大幾如股。」他開的醫方是「眾建諸侯而少其力」，那就是說，分諸侯王的土地，以封他們的兄弟或子孫，這一來諸侯王的數目增多，勢力卻減少了。後來文帝分齊國為六，淮南國為三，就是這政策一部分的實現。齊和淮南被分之前，潁川人晁錯提出了一個更強硬的辦法，就是把諸侯王土地的大部分削歸中央。這個提議，寬仁的文帝沒有加以理會，但他的兒子景帝繼位後，便立即採用了。臨到削及吳國，吳王濞便勾結膠東、膠西、濟南、菑川（此四國皆從齊分出）、楚、趙等和吳共七國，舉兵作反。這一反卻是漢朝政制的大轉機。中央軍在三個月內把亂事平定，景帝又乘著戰勝的餘威，把藩國一切官吏的任免權收歸朝廷，同時把藩國的官吏大加裁減，把它的丞相改名為相。經過這次的改革後，諸侯王名雖封君，實則成了食祿的閒員；藩國雖名封區，實則變為中央直轄的郡縣了。往後二千餘年中，中國所行的「封建制」多是如此。

景帝死，武帝繼位，更雙管齊下地去強幹弱枝。他極力

推行賈誼的分化政策,從此諸侯王剩餘的經濟特權也大大減縮,他們的食邑最多不過十餘城,即便是最小的侯國,武帝也不肯放過,每借微罪將它們廢掉。依漢制,皇帝每年八月要在宗廟舉行大祭,叫做「飲酎」,屆時王侯要獻金助祭,叫做「酎金」。武帝一朝,列侯因為酎金成色惡劣或斤兩不夠而失去爵位的,就有一百多人。

景武之際是漢代統治權集中到極的時期,也是國家的富力發展到極的時期。

秦代十五年間,空前的工役和遠征已弄到民窮財盡。接著八年的苦戰(光算楚漢之爭,就有「大戰七十,小戰四十」),又好比在贏瘵的身上更加剝戕。這還不夠,高帝還定三秦的次年,關中鬧了一場大饑荒,人民相食,死去大半。及至天下平定,回顧從前的名都大邑,多已半付蒿萊,它們的人口往往也十去八九。高帝即位後二年,行過曲逆,登城眺望,極讚這縣的壯偉,以為在他所歷的都邑中,只有洛陽可與之相比,但是一問戶數,則秦時本有三萬,亂後只餘五千。這時不獨一般人民無蓄積可言,連將相有的也只得牛車,皇帝也無力置備純一色的駟馬。

好在此後六七十年間,國家大部分享著不斷的和平,而當權的又大都是「黃老」的信徒,守著省事息民的政策。經

這長期的培養,社會又從復甦而趨於繁榮。武帝即位的初年,據同時代的史家司馬遷的觀察,「非遇水旱之災,民則人給家足。都鄙廩庾皆滿,而府庫餘貨財。京師之錢累鉅萬,貫朽而不可校(計算)。太倉之粟,陳陳相因,充溢露積於外,至腐敗而不可食。眾庶街巷有馬,阡陌之間,(馬聚)成群」。

　　政權集中,內患完全消滅;民力綽裕,財政又不成問題。這正是大有為之時,而恰好,武帝是個大有為之主。

二　秦漢之際中原與外族

在敘述武帝之所以為「武」的事業以前，我們得回溯秦末以來中國邊境上的變動。

當秦始皇時，匈奴既受中國的壓迫，同時它東邊的東胡和西邊的月氏（亦一游牧民族，在今敦煌至天山間，其秦以前的歷史全無可考。《管子‧揆度篇》和《逸周書‧王會篇》中的禺氏，疑即此族）均甚強盛。因此匈奴只得北向外蒙古方面退縮。但是秦漢之際的內亂和漢初國力的疲敝，又給匈奴以復振的機會。適值匈奴出了一個梟雄的領袖——冒頓單于。冒頓殺父而即單于位約略和劉邦稱帝同時，他將三十萬的控弦之士套上鐵一般的紀律，向四鄰攻略：東邊，他滅了東胡，拓地至朝鮮界；北邊，服屬了丁零（匈奴的別種）等五小國；南邊，他不獨恢復了蒙恬所取河套地，還侵入了今甘肅平涼至陝西膚施一帶；西邊，他滅了月氏，把國境伸入漢人所謂的「西域」之中（即今新疆及其以西和以北一帶）。這西域包含三十多個小國，其中一大部分不久後也成了匈奴的臣屬，匈奴在西域設了一個「僮僕都尉」去統轄它

第一章　大漢帝國的發展

們，並且向它們徵收賦稅。冒頓死於文帝六年（西元前 174 年），是時，匈奴已儼然是一個大帝國了，它內分三部：單于直轄中部，和漢的代郡、雲中郡相接；單于之下有左右賢王，分統左右兩部；左部居東方，和上谷以東的邊郡相接；右部居西方，和上郡以西的邊郡及氐羌（在今青海境）相接。胡俗尚左，左賢王常以太子充任。

匈奴的土地雖廣，但大部分是沙磧或鹵澤，不生五穀，而除新占領的月氏境外，草木也不十分豐盛，因此牲畜不會十分蕃息。他們的人口還比不上中國的一個大郡。當匈奴境內人口達到飽和的程度以後，生活的艱難使他們不得不以劫掠中國為一種副業。而且就算沒有生活的壓迫，漢人的酒谷和綵繒對於他們也是莫大的引誘。匈奴的人數雖寡，但是人人在馬背上過活，全國皆是精兵，這是漢人所做不到的。光靠人口的量，漢人顯然壓不倒匈奴。至於兩方戰鬥的本領，號稱「智囊」的晁錯曾做過精細的比較。他以為匈奴有三種長技：

（一）上下山阪，出入溪澗，中國之馬弗如也。

（二）險道傾仄，且馳且射，中國之騎（兵）弗如也。

（三）風雨疲勞，飢渴不困，中國之人弗如也。

但是中國卻有五種長技：

（一）平原易地，輕車突騎，則匈奴之眾易撓亂也。

（二）勁弩長戟，射疏（廣闊）及遠，則匈奴之弓，弗能格也。

（三）堅甲利刃，長短相雜，遊弩往來，什伍俱前，則匈奴之兵（器），弗能當也。

（四）材官（騎射之兵）騶（驟）發，矢道同的，則匈奴之革笥木薦弗能支也。

（五）下馬地鬥，劍戟相接，去就相薄，則匈奴之足，弗能給也。

按理說，中國的長技比匈奴還多，那麼，漢人對付匈奴應當自始便是不成問題的。可是漢人要有效地運用自己的長技，比之匈奴，卻要困難得多。匈奴因為是游牧的民族，沒有城郭宮室的牽累，「來如獸聚，去如鳥散」，到處可棲息，他們簡直用不著什麼防線。但中國則從遼東到隴西（遼寧至甘肅）都是對匈奴的防線，而光靠長城並不足以限住他們的馬足。若是沿邊的要塞皆長駐重兵，那是財政所不容許的。若臨時派援，則漢兵到時，匈奴已遠颺，漢兵要追及他們，難於捉影，但是等漢兵歸去，他們又捲土重來。所以對付匈奴，只有兩種可取的辦法：一是一勞永逸地大張撻伐，拚個你死我活；二是以重賞厚酬，招民實邊（因為匈奴的寇掠，

第一章　大漢帝國的發展

邊地的居民幾乎逃光），同時把全體邊民練成勁旅。前一種辦法，武帝以前沒有人敢採；後一種辦法是晁錯獻給文帝的，文帝也稱善，但是沒有徹底實行。漢初七八十年間，中央對匈奴的一貫政策是忍辱修好，而結果殊不討好。當高帝在平城被冒頓圍了七晝七夜，狼狽逃歸後，劉敬獻了一道創千古奇聞的外交妙計：把嫡長公主嫁給單于，賠上豐富的妝奩，並且約定以後每年以匈奴所需的漢產若干奉送，作為和好的條件；這一來匈奴既顧著翁婿之情，又貪著禮物，就不便和中國搗亂了。高帝想不出更好的辦法，只捨不得公主，於是用了同宗一個不幸的女兒去替代。不過單于們所稀罕的毋寧說是「糵酒萬石，稷米五千斛，雜繒萬匹」之類，而不是託名公主而未必嬌妍的漢女。所以從高帝初年到武帝初年間共修了七次「和親」，而遣「公主」的只有三次。和親使單于可以不用寇掠而得到漢人的財物，但是他並不以此為滿足，他手下沒得到禮物或「公主」的將士們更不能滿足。每度和親大抵只能維持三幾年的和平，而堂堂中國反向胡兒納幣進女，本身已是夠丟臉了，賈誼所謂「可為流涕」的事，就是指此。

　　上面講的，是漢初七八十年間西北兩方面的邊疆狀況，讓我們再看其他方面的。

在東北方面，朝鮮半島上的國族還很紛紜，其中較大而與中國關係較密的是北部的朝鮮和南部的真番。真番在被燕所征之前無史可稽。朝鮮約自周初以來，燕齊的人民或因亡命，或因生計所迫，移殖日眾；至遲到了秦漢之際，朝鮮在種族上及文化上皆已與諸夏融為一體，在語言上則和北燕屬同一區域。在戰國末期（確年無考），燕國破胡的英雄秦開（即副荊軻入秦的秦舞陽的祖父）曾攻朝鮮，取地二千餘里。不久，朝鮮和真番皆成了燕的屬地，燕人為置官吏。秦滅燕後，於大同江外空地築障以為界，對朝鮮控制稍弛，朝鮮名雖臣服於秦，實不赴朝會。漢朝初立，理無遠略，把東北界縮到大同江。高帝死時，燕王盧綰率叛眾逃入匈奴，燕地大亂。燕人衛滿聚黨萬餘人，渡大同江，居秦故塞，收容燕齊的亡命之徒，繼滅朝鮮，據其地為王，並降服真番及其他鄰近的東夷小國。箕子的國祀經八百餘年，至此乃絕。衛滿依著朝鮮向來的地位，很恭順地對漢稱臣，與漢約定各保邊不相犯，同時半島上的蠻夷君長要來朝見漢天子時，朝鮮應不加阻礙。但是到了衛滿的孫右渠（與武帝同時）登上王位時，便不再和漢朝客氣，他一方面極加招誘逃亡的漢人，一方面禁止鄰國的君長朝漢。

在南方，趁秦末的內亂，閩越和西南夷均恢復自主，南越則被故龍川縣（屬南海郡）令真定（趙）人趙佗所割據。漢

興,兩越均隸藩封。但是南越自高帝死後已叛服不常,閩越在武帝初年亦開始侵邊,而西南夷則直至武帝通使之時,還沒有取消獨立。

以上一切邊境內外的異族當中,足以為中國大患的只有匈奴,武帝的對外舉措也以匈奴為主要目標。整體而言,武帝滅朝鮮有一部分為的是「斷匈奴右臂」,而他通西域則全是為「斷匈奴左臂」。

三　武帝開拓事業的四個時期

　　武帝一朝對待外族的經過，可分為四個時期。

　　第一個時期包括他初即位的六年（西元前 141 年至西元前 135 年），這是承襲文景以來保境安民政策的時期。

　　武帝即位時才十六歲，太皇太后竇氏掌握著朝政。這位老太太是一個堅定的「黃老」信徒，有她和一班持重老臣的掣肘，武帝只得把勃勃的雄心暫時按捺下去。在建元三年（西元前 138 年）閩越圍攻東甌（今浙江東南部）時，武帝就對嚴助說：「太尉不足與計，吾新即位，不欲出虎符發兵郡國。」於是他派嚴助持「節」去向會稽太守請兵，但是因為「節」並不是發兵的正式徽識，嚴助幾乎碰了釘子。在這個時期裡，漢對匈奴不但繼續和親，而且餽贈還格外豐富，關市的貿易也格外起勁，可是武帝報仇雪恥的計畫早已決定了──他派張騫去通使西域就在即位的最初二年間。

　　第二個時期是從建元六年竇太后之死至元狩四年大將軍霍去病兵臨瀚海，凡十六年（西元前 135 年至西元前 119 年），這是專力排擊匈奴的時期。

第一章　大漢帝國的發展

　　竇氏之死,讓漢朝歷史進入了新階段。她所鎮抑著的幾支歷史暗流,等她死後,便一齊迸湧,構成卷刮時代的新潮。自她死後,在學術界裡,黃老退位,儒家的正統確立;政府從率舊無為變而發奮興作,從對人民消極放任變而為積極干涉。這些暫且按下不表,現在要注意的是漢廷的對外政策從軟弱變而為強硬。她死後的次年,武帝便派重兵去屯北邊;是年考試公卿薦舉「賢良」,所發的問題之一,便是「周之成康……德及鳥獸,教通四海,海外肅慎……氐、羌徠服……嗚呼,何施而臻此歟?」次年,漢便向匈奴尋釁,使人詐降誘單于入塞,同時在馬邑伏兵三十萬騎,想要把單于和他的主力一舉聚殲。這陰謀雖沒有成功,但是一場狠鬥從此開始。晁錯的估量是不錯的,只要漢廷下定決心,把力量集中,匈奴絕不是中國的敵手。計在這個時期內,漢兵凡九次出塞撻伐匈奴,前後斬虜總在十五萬人以上,只最後元狩四年(西元前191年)的一次,也是最猛烈的一次,就斬虜八九萬人。先時,元狩二年(西元前121年),匈奴左地的昆邪王慘敗於霍去病將軍之手,單于大怒,要加誅戮,他便投降了漢朝,而他帶走的軍士號稱十萬,實數也有四萬多。光在人口方面,匈奴在這一期內就已受了致命的打擊(匈奴比不得中國,即便二者遭受同數目的耗折也不能算一回事。計漢初匈奴有控弦之士三十萬,後來縱有增加,在此

期內壯丁的耗折也總在全數一半以上)。在土地方面,匈奴在這個期內所受的損失也同樣的大。首先,秦末再度淪陷於匈奴的河套一帶(當時稱為「河南」)被將軍衛青恢復了。武帝用《詩經》中讚美周宣王征伐玁狁的「出車彭彭,城彼朔方」的典故,把新得的河套地置為朔方郡,並以厚酬召募人民十萬,移去充實它,又擴大前時蒙恬所築憑黃河為天險的邊塞,從此畿輔才不受匈奴的威嚇。後昆邪王降漢,又獻上今甘肅西北的「走廊地帶」(包括月氏舊地,為匈奴國中最肥美的一片地)。武帝把這片地設為武威、酒泉兩郡(後來又從中分出張掖、敦煌兩郡,募民充實之),從此匈奴和氐羌(在今青海境)隔絕,中國和西域乃得直接交通,而中國自北地郡以西的戍卒減去一半。後來匈奴有一首歌謠,紀念這一次的損失(依漢人所譯),歌謠道:

失我焉耆(燕支)山,使我婦女無顏色!
失我祁連山,使我六畜不蕃息!

最後在元狩四年的一役,匈奴遠遁瀚海以北,漢把自朔方渡河以西至武威一帶(今寧夏南部,介於綏遠和甘肅間)也占領了,並且在這裡開渠屯田,駐吏卒五六萬人(唯未置為郡縣),更漸漸地向北蠶食。是年,武帝募民七十餘萬充實朔方以南一帶的邊境。

第一章　大漢帝國的發展

元狩五年至太初三年，凡十七年（西元前 118 年至西元前 102 年）間，是武帝對外的第三個時期。在這個時期內，匈奴既受重創，需要休息，不常來侵寇；武帝也把開拓事業轉向別方：先後征服了南越、西南夷、朝鮮，並將它們皆收為郡縣；從巴蜀開道通西南夷，役數萬人；戡定閩越，遷其種族的一大部分於江淮之間，並且首次把國威播入西域。

西域在戰國時是一個神話中的境地，屈原在〈招魂〉裡描寫道：

西方之害，流沙千里些！

旋入雷淵，靡散而不可止些！幸而得脫，其外曠宇些！

赤蟻若象，玄蜂若壺些！五穀不生，叢菅是食些！其土爛人，求水無所得些！

一直到張騫出使之時，漢人還相信那裡的崑崙山為日月隱藏之所，其上有仙人西王母的宮殿和苑囿。對這神話中的境界，是武帝首先做了有計畫的開拓。武帝在即位之初，早已留意西域。先時月氏國被匈奴滅了以後，一部分的人逃入西域，占據了塞國（今伊犁一帶），驅逐了塞王，另建一新國，是為大月氏（餘眾留敦煌、祁連間為匈奴役屬的叫做小月氏），他們對於匈奴，時圖報復。武帝從匈奴降者的口中得到這消息，想聯繫月氏共伐匈奴，便募人去和它通使，漢

中人張騫應募。這使事是一個很大的冒險。是時，漢與西域間的交通要道還是在匈奴人的掌握中，而西域諸國多受匈奴的命令。張騫未入西域，便為匈奴所獲，拘留了十多年，他苦心保存著他那象徵使者身分的「節」，終於率眾逃脫。這十多年中，西域起了一大變化。先前有一個游牧民族，叫做烏孫，在故月氏國西，被月氏滅了。他們投奔匈奴，被匈奴人收容，至是，受了匈奴的資助，向新月氏國發起猛攻。月氏人被迫開始第二次的逃亡，又找到一個富厚而文弱的國家——大夏（今阿富汗斯坦）——將它鳩占雀巢地占據了，遺下塞國的舊境為烏孫所有。張騫到大夏時，月氏人已被舒服的日子軟化了，再不想報仇。張騫留居年餘，不得要領而返，復為匈奴所獲，幸而過了年餘，單于死，匈奴內亂，他才得間逃歸。騫為人堅忍、寬大、誠信，甚為蠻夷所愛服。他出國時同行的有一百多人，去了十三年，僅他和一個胡奴堂邑父得還。多虧這胡奴在路上替他射鳥獸充飢，否則他已經絕糧死了。

　　張騫自西域歸還，是**轟動朝野**的大事。他為漢人的政治、商業和文化開了一道大門——後來印度佛教的輸入，就是取道西域的。這中國史上空前的大探險，不久就成了許多神話故事的掛釘。《張騫出關志》、《海外異物記》等類誇誕的書，紛紛地堆到他名下，可惜這些書現在都失傳了。

第一章　大漢帝國的發展

張騫第二次出使是在元狩四年匈奴新敗後，這回的目的是烏孫。原來烏孫自居塞地便國勢陡強，再不肯朝事匈奴，匈奴派兵討伐它，不勝，從此與它結下仇隙。張騫向武帝獻計：用厚賂誘烏孫來歸舊地（敦煌、祁連間），並嫁給公主，結為同盟，以斷「匈奴右臂」；烏孫既歸附，則在它西邊的大夏（即新月氏）等國皆可收為外藩。武帝以為然，因派張騫再度出使。這回的場面比前次闊綽得多，受張騫統率的副使和將士共有三百多人，每人馬二匹，帶去牛羊以萬數，金幣價值「鉅萬（萬萬）」。騫至烏孫，未達目的，於元鼎二年（西元前 115 年）歸還，過了年餘便死了。雖然目的不成，但是烏孫也派了一行數十人跟他往漢朝報謝。這是西域人第一次來到漢朝的京都，窺見漢朝的偉大。騫死後不久，他派往其他國的副使也陸續領了報聘的夷人回來了，而武帝繼續派往西域的使者也相望於道，每年多的十幾趟，少的也五六趟，每一行大的幾百人，小的也百多人，他們攜帶的禮物也大致同張騫時一般。於時，請求出使西域，或應募前往西域，成了郡國英豪或市井無賴的一條新闢的出路。西域的土產，如葡萄、苜蓿、石榴等植物，被種植在了大漢的土地上；音樂如摩訶、兜勒等曲調，也成了漢人間一時的風尚。烏孫的使人歸去，宣傳所見所聞，烏孫由此重漢。匈奴聞它通漢，要討伐它，烏孫恐懼，乃於元封初年（西元前 110

年）和漢室聯婚，結為兄弟。但是匈奴聞訊，也把一個女兒送來，烏孫王不敢拒卻，就一箭貫雙鵰地做了兩個敵國的女婿。

中國在西域占優勢乃是元封三年至太初三年（西元前108年至西元前102年）間對西域兩次用兵以後的事。第一次用兵是因為當路的樓蘭、姑師兩小國，它們受不了經過漢使的需索和騷擾，勾通匈奴，攻劫漢使；結果，樓蘭王被擒，國為藩屬；姑師兵敗國破，雖尚倔強，但是其後二十年（西元前89年）終被武帝征服。第二次用兵是因為大宛國隱匿著良馬，不肯奉獻；結果在四年苦戰之後，漢兵包圍大宛的都城，迫得大宛的貴族把國王殺了投降。樓蘭、姑師尚近漢邊，大宛則深入西域的中心。大宛服，而漢的聲威震撼西域，大宛以東的小國紛紛遣派子弟，隨著凱旋軍入漢朝貢，並留以為質。於是，漢自敦煌至羅布泊之間沿路設「亭」（驛站），又在渠犁國駐屯田兵數百人，以供給使者。

自漢結烏孫，破樓蘭，降大宛，匈奴漸漸感到西顧之憂。初時東胡為匈奴所滅後，其餘眾分為兩部：一部分退保鮮卑山，因號為鮮卑；一部分退保烏桓山，因號烏桓（二山所在，不能確指，總在遼東塞外遠北之地）。漢滅朝鮮後，又招來烏桓，讓它們居住在遼東、遼西、右北平、漁陽、上

第一章　大漢帝國的發展

谷五郡的塞外，從此匈奴又有東顧之憂。元封六年（西元前105年）左右，匈奴大約是為避與烏桓衝突，向西退縮；右部從前是和朝鮮、遼東相接，這時變成了和雲中郡相對。至此，定襄以東，無復烽警，漢對匈奴的防線減短了一半。

武帝的開拓事業，也即漢朝的開拓事業，在這第三個時期已登峰造極。計在前個時期和這個時期內，他先後辟置了二十五個新郡；此外他征服而未列郡的土地尚有閩越、西域的一部分，和朔方以西、武威以東一帶的故匈奴地。武帝時期最後一批的新郡，即由朝鮮所分的樂浪、臨屯、玄菟、真番四郡（四郡占朝鮮半島偏北的大部分地區及今遼寧省的一部分。此外，在半島的南部尚有馬韓、弁韓、辰韓三族，謂之三韓，包含七十八國，皆臣屬於漢），置於元封三年（西元前108年）。越二年，武帝把擴張了一倍有餘的大帝國重加調整，將除畿輔及外藩以外的廣大國土分為十三州，每州設一個督察專員，叫做「刺史」。這是中國政治制度史上一個重要的轉變。

刺史的制度，淵源於秦朝各郡的監御史。漢初，這個官被廢了，雖然有時丞相會遣使巡察郡國，但那不是常置的職官。刺史的性質略同監御史，而所監察的區域擴大了。秦時監御史的職權不可得而詳，而西漢刺史的職權是以「六條」

察事,舉劾郡國的守相。那「六條」是:

(一)強宗豪右田宅逾制,以強凌弱,以眾暴寡。

(二)二千石(即食祿「二千石」的官,指郡國的守、相)不奉詔書,倍公向私,旁詔牟利,侵漁百姓,聚斂為奸。

(三)二千石不恤疑獄,風厲殺人,怒則任刑,喜則任賞,煩擾刻暴,剋削黎元,為百姓所疾;山崩石裂,妖祥訛言。

(四)二千石選署不平,苟阿所愛,蔽賢寵頑。

(五)二千石子弟,怙倚榮勢,請託所監。

(六)二千石違公下比,阿附豪強,通行貨賂,割損政令。

第一和第六條的對象都是「豪宗強右」,即橫行鄉里的地主。這一流人在當時社會上的重要性和武帝對他們的注意就此可以想見了。

武帝對外的第四個時期,包括他最後的十五年(西元前101年至西元前87年)。在這個時期,匈奴巨創稍愈,又來寇邊。而中國經了三四十年的征戰,國力已稍疲竭,屢次出師報復,屢次失利。最後,在征和三年(西元前90年)的一役中,漢軍竟全軍盡覆,主帥也投降了。禍不單行,是年武

第一章　大漢帝國的發展

帝又遭家庭的慘變,太子冤死。次年,有人請求在西域輪台國添設一個屯田區,武帝在心灰意冷之餘,以一道懺悔的詔書結束了他一生的開拓事業,略謂:

前有司奏欲益民賦三十(每口三十錢)助邊用。是重困老弱孤獨也。而今又請田輪台!……乃者貳師(李廣利)敗,軍士死略離散,悲痛常在朕心。今請遠田輪台,欲起亭隧,是擾勞天下,非所以優民也。今朕不忍聞。……當今務在禁苛暴,止擅賦,力本農,修馬復令(馬復令是指許民因養馬以免徭役之令),以補缺,毋乏武備而已。

又二年,武帝死。

不過這個時期中匈奴的猖獗只是「迴光返照」的開始。在武帝死後三十四年內(西元前86年至西元前53年),匈奴天災人禍,外災內憂,紛至沓來,直至它向漢稽首稱臣為止。其間重要的打擊凡三次。第一次(西元前72年),匈奴受漢和烏孫夾攻,人畜的喪亡已到了損及元氣的程度;單于怨烏孫,自將數萬騎去報復,值天大雪,一日深丈餘,全軍幾盡凍死;於是烏孫從西面,烏桓從東面,丁令又從北面,同時交侵,匈奴人民死去十中之三,畜產死去十中之五,諸屬國一時瓦解。又一次(西元前68年),鬧大饑荒,據說人畜死去十之六七。最後一次,國內大亂,始則五單于爭立,

終則呼韓邪與郅支兩單于對抗；兩單于急著款塞納降，為漢屬國，並遣子入侍。後來郅支為漢西域都護所殺，匈奴重複統一，但是終西漢之世，它都臣服中國不改。隨著匈奴的臣服而喪失的，是它在西域的一切宗主權——它的「僮僕都尉」被漢朝的西域都護替代了。都護駐烏壘國都（今新疆庫車），其下有都尉分駐三十餘國。

第一章 大漢帝國的發展

四 武帝的新經濟政策

　　武帝的開拓事業,論範圍,論時間,都比秦始皇的加倍,費用自然也加倍。軍需和邊事有關的種種工程費,募民實邊費(徙民衣食仰給縣官數年,政府假與產業),犒賞和給養降胡費,使節所攜和來朝蠻夷所受的遺賂——這些就不用說了,光是在元朔五、六年(西元前 124 年至西元前 123 年)間對匈奴的兩次勝利,「斬捕首虜」的酬賞就用去黃金二十餘萬斤。武帝又厲行水利的建設。他先後在關中鑿渠六系,其中重要的是從長安引渭水傍南山下至黃河的長三百餘里的運渠、為鄭國渠支派的「六輔渠」和連接涇渭長二百餘里的白公渠。又嘗鑿渠通褒水和斜水長五百餘里,以連接關中和漢中,可惜渠成而水多湍石,不能供漕運之用。這些水渠和其他不可勝述的水利工程,又是財政上一大例外的支出。加以武帝篤信幽冥,有神必祭,大禮盛典,幾無虛歲。又學始皇,喜出外巡行,卻比始皇使用更豪爽。元封元年第一次出巡,並登封泰山,所過賞賜,就用去帛百餘萬匹,錢以「鉅萬(萬萬)」計。可是武帝時代的人民,除商賈外,並

不曾感覺賦稅負擔的重增，這真彷彿是一件奇蹟。

漢朝的賦稅是格外輕的，在武帝以前只有四項。一是田租：自景帝以後確定為三十稅一。二是算賦和口賦：每人從十五歲至五十六歲年納百二十錢，商人與奴婢加倍，這叫做算賦；每人從三歲至十四歲的，年納二十錢，這叫做口賦。三是郡國收來貢給皇帝的獻費：每人年納六十三錢。四是市租：這一項是專為工商人而設的。這些賦稅當中，只有口賦武帝加增了三錢，其餘的他不曾加增過分文。此外他只添了兩種新稅。一是舟車稅：民有的軺（小車）車納一算（百二十錢），商人加倍；船五丈以上一算。二是工商的貨物稅：商家的貨品，抽價值的百分之六（緡錢二千而一算），手工業者的貨品徵稅減半，這叫做「算緡錢」（貨物的價值聽納稅者自己報告，報不實或匿不報的，罰戍邊一年，財產沒收，告發的賞給沒收財產的一半，這叫做「告緡」）。無論當時慳吝的商人怎樣叫苦連天（據說當時中產以上的商人大抵因「告緡」而破家），這兩種新稅總不能算什麼「橫徵暴斂」。

那麼武帝開邊的巨費大部分從何而出呢？除了增稅，除了鬻爵（民買爵可以免役除罪，武帝前已然，武帝更設「武功爵」，買至五級的可以補官），除了募民入財為「郎」、入奴婢免役，除了沒收違犯新稅法的商人的財產（據說政府因

第一章　大漢帝國的發展

「告緡」所得的財產以億計，奴婢以萬計；田，大縣數百頃，小縣百多頃；宅亦如之）外，武帝的生財大道有二：新貨幣政策的施行和國營工商業的創立。

武帝最初的貨幣政策，是發行成本低而定價高的新幣。以白鹿皮方尺，邊加繪繡為皮幣，當四十萬錢，限王侯宗室朝覲聘享必須用此作禮物。又創鑄銀錫合金的貨幣大小凡三種：龍文，圓形，重八兩三的當三千；馬文，方形的當五百；龜文，橢圓形的當三百。又把錢改輕，令縣官鎔銷「半兩錢」，更鑄「三銖錢」；後因三銖錢輕小易假，令更鑄「五銖錢」。又由中央發行一種「赤仄錢」（赤銅做邊的），以一當五，限賦稅非赤仄錢不收。但是銀幣和赤仄錢因為低折太甚，終於廢棄，而其他的錢幣因為盜鑄者眾，量增價賤。針對這些問題，武帝實行了幣制的徹底改革。一方面他集中貨幣發行權，禁各地方政府鑄錢；另一方面他也統一法幣，由中央另鑄新錢，把之前各地方所造品質參差的舊錢收回鎔銷。因為新錢的品質均高，小規模的盜鑄無利可圖，盜鑄之風遂息。漢朝的幣制到這時才達到健全的地步。集中貨幣發行權和統一法幣的主張是賈誼首先提出的。

武帝一朝所創的國家企業可分為兩類：一是國營專利的實業；二是國營非專利的商業。

國營專利的實業，包括鹽、鐵和酒。酒的專利辦法是由政府開店製造出售，這叫做「榷酤」。鹽的專利辦法是由「鹽官」備「牢盆」等煮鹽器具讓鹽商使用，並抽很重的稅，同時嚴禁民私造煮鹽器具。鐵的專利辦法是由政府在各地設「鐵官」主辦鐵礦的採冶及鐵器的鑄造和販賣。鹽鐵官多用舊日的鹽鐵大賈充當。

　　國營非專利的商業有兩種。其一是行於各地方的。以前郡國每年對皇帝各要貢獻若干土產，這些貢品有的因為道路遙遠，其本身的價值還不夠抵償運費，有的則是在半途就壞損了。有人為武帝出了一條妙計：讓這些貢品不要直運京師，而是拿來做貨本，設官經理，運去行市最高的地方賣了，得錢歸公。這叫做「均輸」。其二是行於京師的。武帝在長安設了一所可以叫做「國立貿易局」的機構，網羅天下貨物，「賤則買，貴則賣」。這叫做「平準」。當時許多商人都被這貿易局打倒，這是可想見的。

　　均輸、平準和鹽鐵專利終西漢之世不變，唯榷酤罷於武帝死後六年（西元前 81 年）。是年郡國所舉的「賢良文學」議並罷鹽鐵專賣，主持這些國營實業的桑弘羊和他們做了一次大辯論，這辯論的記錄便是現存的《鹽鐵論》。

第二章
漢初的學術與政治

第二卷　西漢篇／張蔭麟

ⅠⅠⅠⅠⅠⅠⅠⅠⅠⅠ 一　道家學說的全盛及影響 ⅠⅠⅠⅠⅠⅠⅠⅠⅠⅠ

　　漢初，在武帝前的六七十年，是道家思想的全盛時代，帝國的政治和經濟都受它深刻的影響。

　　為什麼道家會在這時有這麼大的勢力呢？

　　道家學說開始廣布是在戰國末年，接著，從秦始皇到漢高祖的一個時期的歷史恰好是道家學說最好的注腳，好像是特為馬上證實道家的教訓而設的。老子說：「法令滋章，盜賊多有。」秦朝就是法令滋章結果導致盜賊多有的。老子說：「民不畏死，奈何以死懼之？」秦朝就是以死懼民而弄到民不畏死去起義的。老子說：「飄風不終朝，驟雨不終日。」秦始皇和楚項羽都以飄風驟雨的武功震撼一世，而他們所造成的勢力都不終朝日。老子說：「為者敗之，執者失之。」秦始皇就是最「有為」的，而轉眼間秦朝敗亡；項羽就是一個「戰勝而不予人功，得地而不予人利」的堅執者，終於連頭顱也失掉了。老子說：「柔弱勝剛強。」劉邦就是以柔弱勝了至剛至強的項羽的。老子說「自勝者強」，而劉邦的強處就在能「自勝」。他本來是一個喜「酒色財氣」的人，

第二章　漢初的學術與政治

但是入了咸陽之後，因群臣的勸諫，竟能「財帛無所取，婦女無所幸」，並且對項羽低首下心。老子說：「將欲歙之，必固張之；將欲弱之，必固強之；將欲奪之，必固與之。」劉邦所以成帝業，大抵類此。他始則裝聾作瞶，聽任項羽為所欲為；繼則側擊旁敲，力避和他正面衝突；終於一舉把他殲滅。他始則棄關中給項羽的部將，並且於入漢中後，燒毀棧道，示無還心；繼則棄關東給韓信、英布，以樹項羽的死敵；而終於席捲天下。像這樣的例子，這裡還不能盡舉。道家的學說在戰國末年既已流行，始皇的焚書，就並不能把簡短精警的五千言從學人的記憶中毀去。當戰事平息，他們痛定思痛之際，把這五千言細加回味，怎能不警覺它是一部天發的神讖？況且當時朝野上下都是鋒鏑餘生，勞極思息，道家「清靜無為」的政策正是合口的味，而且也是對症的藥。我們若注意到，當第一次歐洲大戰後，與道家學說素無歷史因緣而且只能從譯本中得到朦朧認識的德國青年，尚且會對老子發生狂熱的崇拜，一時《道德經》的譯本有十餘種（連解釋的書共有四五十種）之多，便可知漢初黃老思想成為支配的勢力是事有必至的了。

　　第一個黃老思想有力的提倡者，是高祖的功臣曹參。他做齊國的丞相時，聽得膠西有一位蓋公精通黃老學說，就用厚幣請了來，把自己的正房讓給他住，常去請教。最後他任

職九年，果然人民安集，時稱賢相。後來漢丞相蕭何死了，曹參被調去繼任。他一切遵照舊規，把好出風頭的屬員都免了職，換用了樸訥的人，自己也是天天飲酒，無所事事。有人想勸他做點事，他等那人來時就請他喝酒，那人正想說話時，便敬上一杯，直灌到醉了，那些人終沒有說話的機會。丞相府的後園靠近府吏的宿舍，他們常常飲酒，呼叫和歌唱的聲音鬧得人不得安靜。府吏討厭了，請丞相去遊園，讓他聽聽那種聲音，好加以制止，哪知他反在園中擺起酒來，一樣的呼叫和歌唱，竟同隔牆的吏人們相應答。繼曹參的漢相是另一個高帝的功臣陳平，他雖然不像曹參一般裝懶，但也是一個黃老信徒。第二個黃老思想有力的提倡者是文帝的皇后竇氏。她自己愛好《老子》不用說，還令太子和外家的子弟都得讀這書。有一次她向一位儒生問及這書，那儒生不識好歹，批評了一句，她便大怒，罰他到獸圈裡打野豬，幸虧景帝暗地給了儒生一把特別快的刀，他才不致喪命。她在朝廷中供養了一位精通黃老學說的處士王生。有一次公卿大會，王生也在場，他把襪帶解了，回頭瞧著廷尉（最高執法官）張釋之道：「替我結襪！」釋之跪著替他結了。後來王生解釋道：「吾老且賤，自度終無益於張廷尉；廷尉方（為）天下名臣，吾故聊使結襪，欲以重之。」（事在景帝時）一位

第二章　漢初的學術與政治

黃老大師的青睞,能增重公卿的身價,則當時道家的地位可想而知了。

文帝對於黃老學說的熱心,雖不及他的皇后,但他一生行事,確是守著道家的「三寶」——「一曰慈,二曰儉,三曰不為天下先」的。他慈,他廢除「收孥相坐」(罪及家屬)的律令;廢除「誹謗妖言之罪」;廢除「肉刑」(殘毀人體的刑);廢除「祕祝」(掌移過於臣下的巫祝)。他首頒養老令,每月以米和酒肉賜給八十歲以上的人;他甚至把人民的田地賦完全免掉(後景帝時恢復)。他儉,他身穿厚繒,有時著草鞋上殿;他最寵愛的慎夫人衣不拖地,帷帳無文繡。有次他想造一座露臺,匠人估價需百金,他便道這是中人十家之產,停止不造。他不肯為天下先,所以一再放任北邊的烽火直逼到甘泉;所以釀成淮南王長、濟北王興居的叛變;所以養成吳王濞的跋扈,為日後七國之亂埋下禍由。他的一朝,只有消極的改革,沒有積極的興建;只有保守,沒有進取;只有對人民增加放任,沒有增加干涉。不獨他的一朝,整個漢初的六七十年也大抵如此。

但漢初,尤其是文帝時代,黃老思想最重要的影響,還在經濟方面。自從春秋以來,交通日漸進步,商業日漸發達,貿遷的範圍日漸擴張,資本的聚集日漸雄厚,「素封之

家」（素封者，謂無封君之名，而有封君之富）日漸增多，商人階級在社會上日占勢力。戰國時，一部分的儒家（如荀子）和法家（如商鞅、韓非）對這新興的階級，都主張加以嚴厲的制裁。儒家從道德的觀點，痛惡他們居奇壟斷，括削農民；而法家從政治的觀點，痛惡他們不戰不耕，減損國力。商鞅治秦，按照軍功限制人民私有田土奴婢的數量和服飾居室的享用，這是對於商人的一大打擊。但是這個政策後來被持續到什麼程度，還是問題。始皇曾為一個擅利丹穴的富孀築女懷清臺，又使牧畜大王烏氏倮歲時奉朝請，同於封君──他和大資本家是講過交道的。但是至少在滅六國後，他對於一般商人是採用法家的方略的。他在秦山刻石中的自豪語之一是「重農抑末」，而在兵役法上，他使商人和犯罪的官吏同被儘先徵發。秦漢之際的大亂，對於資本家，與其說是摧殘，毋寧說是解放，因為富人逃生，照例比貧民容易，而勾結將吏，趁火打劫，更是亂世資本家的慣技，這是最值得注意的事。高帝登極後第三年（西元前199年）便下令，讓賈人「毋得衣錦繡綺縠紵罽，操兵，乘（車），騎馬」（高帝又嘗規定商人納加倍的「算」賦，商人及其子孫不得為官吏，史不詳在何年，當去此令不久或與此同時）。假如大亂之後，富商大賈所餘不多，則這樣的詔令根本沒有意義，是絕不會出現的。此時此令，表示連純駟馬車也坐不

第二章 漢初的學術與政治

起的新興統治階級,對於在革命歷程中屹立如山的「素封之家」,不免羨極生妒了。高帝此令在商人中間必然惹起很大的忿激,所以過後兩年,代相陳豨作反,其手下的將帥全是商人。但是高帝死後沒有幾年,道家放任主義的潮流便把他的抑商政策壓倒,關於商人服用之種種屈辱的限制被惠帝撤銷了。「市井子孫,不得仕宦為吏」的禁令,雖在文景之世猶存,恐亦漸漸有名無實了。在武帝即位之初,十三歲為侍中、後來為武帝主持新經濟政策的桑弘羊便是洛陽賈人子。道家放任主義在經濟上的重要措施,莫如文帝五年的取消「盜鑄錢令」(此禁令至景帝中元六年始恢復)。於是富商大賈,人人可以自開「造幣廠」,利用奴隸和賤值的傭工,入山採銅,無限制地擴大資本。他們這樣做的結果,就是造成了金融界的大混亂,通貨膨脹,物價飛騰,人民和政府均受其害。

漢朝統一中國後,一方面廢除舊日關口和橋梁的通過稅,一方面開放山澤,聽憑人民墾殖,這給了工商業一個空前的發展機會。自戰國晚期至西漢上半期是牛耕逐漸推行的時代,農村中被牛替代了的剩餘人口,總有一部分向都市宣洩,這又是工商業發展的一種新的原動力。此諸因緣加以政府的放任,使漢初六七十年間工商業的發展達到了一定程度,此後直至「海通」以前,中國工商業在質的方面大致沒

有超出過這時的。這時期工商界的狀況，司馬遷在《史記‧貨殖列傳》裡有很好的描寫。據他的猜想，是時通都大邑至少有三十幾種企業，各在一定的規模內，可以使企業家每年的收入比得上食邑千戶的封君（每戶年收二百錢），計：

> 酤一歲千釀，醯醬千瓨，漿千甔，屠牛羊彘千皮，販穀糶千鍾，薪藁千車，船長千丈（諸船積長千丈），木千章，竹竿萬個，其軺車百乘，牛車千輛，木器髤者千枚，銅器千鈞，素木鐵器若卮茜千石，馬蹄躈千，牛千足，羊彘千雙，僮手指千，筋角丹沙千斤，其帛絮細布千鈞，文采千匹，榻布皮革千石，漆千斗，糵麴鹽豉千荅。鮐鮆千斤，鮿鮑千石，鮑千鈞，棗栗千石者三之，狐貂裘千皮，羔羊裘千石，旃席千具，佗果菜千鍾，子貸金錢千貫。

富商往往同時是大地主，「專川澤之利，管山林之饒」，或抽歲收千分之五的田租。他們的生活，據晁錯所說是「衣必文采，食必粱肉。……因其富厚，交通王侯；力過吏勢，以利相傾；千里遊遨，冠蓋相望，乘堅策肥，履絲曳縞。」據賈誼說，「白縠之表，薄紈之裡」的黼繡，本是古時天子所服，「今富人大賈，嘉會召客者，以被牆」。

這時期先後產生了兩項制度，無形中使富人成了一種特權階級。一是買爵贖罪制，始於惠帝時；其制，人民出

第二章　漢初的學術與政治

若干代價（初定錢六萬，後有增減），買爵若干級，使得免死刑。於是有了錢的人，簡直殺人不用償命。二是「買復」制，始於文帝時；其制，人民納粟若干（初定四千石），買爵若干級，便免終身的徭役。漢民的徭役有三種（應役的年限，有些時是從二十三歲到五十六歲，有些時是從二十歲起），一是充「更卒」，就是到本郡或本縣或諸侯王府裡服役，為期每年一月，但是人民可以每次出錢三百替代，此謂「過更」；其次是充「正卒」，即服兵役，為期兩年，第一年在京師或諸侯王府充衛士，第二年在郡國充材官、騎士（在廬江、潯陽、會稽等處則充樓船兵），在這期間內習射御、騎馳、戰陣等；再次是戍邊，每丁為期一年。除了在北方邊郡的人民不得「買復」外，在其他的地方，上說三種徭役，富人都可以免掉。

　　當時的儒者本著儒家思想，對於驕奢的商賈自然是主張制裁的，賈誼便是一例。他說，商賈剝蝕農民的結果，「飢寒切於民之肌膚。……國已屈矣，盜賊直須時耳！然而獻計者曰，毋動為大耳！夫俗至大不敬也，至無等也，至冒上也，進計者猶曰：毋為！可為長太息者（此其）一也」。這裡洩露了一個重要的訊息，那就是當時得勢的黃老派學者無形中竟成了商賈階級的辯護者（司馬遷推崇道家，亦主張對商

人放任,故曰:「善者因之,其次利導之,其次整齊之,最下與之爭。」可為旁證)。這卻不是因為他們拜金,或受了商人的津貼。道家要一切聽任自然,富賈大商的興起,並非由於任何人為預定的計畫,因此也可以說是一種自然的現象,道家自然不主張干涉了。他們從沒有想到人類可以控制自然而得到幸福。「清靜無為」之教結果成了大腹賈的護身符!這誠非以少私寡欲為教的老聃所能想得到的,但事實確是如此滑稽。

到了黃老學說成為大腹賈的護身符時,黃老的勢力就快到末日了。

第二章　漢初的學術與政治

二　儒家正統地位的確立

　　儒家在漢朝成立之初，本已開始嶄露頭角。高帝的「從龍之彥」，固然多數像他自己一般是市井的無賴，但是其中也頗有些知識分子。單講儒者，就有曾著《新語》十一篇，時常強聒地為高帝講說《詩》、《書》的陸賈；有曾為秦廷博士、率領弟子百餘人降漢的叔孫通；而高帝的少弟劉交（被封為楚王），乃是荀卿的再傳弟子，《詩》學的名家。高帝即位後，叔孫通奉命和他的弟子，招魯國儒生三十多人，共同製作朝儀。先時，群臣都不懂什麼君臣的禮節，他們在殿上會飲，爭論功勞；醉了就大叫起來，拔劍砍柱。朝儀既定，適值新年，長樂宮也正落成，群臣都到那邊朝賀。天剛亮，他們按著等級，一班班地被謁者引進殿門，那時朝廷中早已排列了車騎，陳設了兵器，升了旗幟。殿上傳一聲「趨」，殿下的郎中數百人就夾侍在階陛的兩旁，功臣、列侯、諸將軍、軍吏都向東站立，文官丞相以下都向西站立。於是皇帝坐了輦車出房，百官傳呼警衛。從諸侯王以下，直到六百石的吏員依了次序奉賀，他們沒一個不肅敬震恐的。到行禮完

畢,又在殿上置酒,他們都低著頭飲酒,沒有一個敢喧譁失禮的。斟酒到第九次,謁者高唱「罷酒」,他們都肅靜地退出。高帝嘆道:「我到今天才知道皇帝的尊貴呢!」於是拜叔孫通為太常(掌宗廟禮儀,諸博士即在其屬下,故亦名太常博士),賜金五百斤。他的助手各有酬庸,不在話下。高帝本來輕蔑儒者,初起兵時,有人戴了儒冠來見,他總要把儒生的冠解下來,撒一泡尿在裡面。但是經過這回教訓,他對於儒者就不能不另眼相看了。後來他行經魯國境,竟以太牢祀孔子。

高帝死後,儒家在朝中有了一點勢力的萌芽,雖然被道家壓倒,但是在文景兩朝,儒家做博士的也頗不少;儒家典籍置博士可考者有《詩》、《春秋》、《論語》、《孟子》、《爾雅》等。而諸侯王中如楚元王交、河間獻王德皆提倡儒術,這和朝廷之尊崇黃老相映成趣。元王好《詩》,令諸子皆讀《詩》,並拜舊同學申公等三位名儒為中大夫。獻王興修禮樂,徵集儒籍,立《毛氏詩》、《左氏春秋》博士,言行謹守儒規,山東的儒者多跟隨著他。

武帝為太子時的少傅就是申公的弟子王臧,武帝受儒家的薰陶是有素的。他初即位時,輔政的丞相竇嬰(竇太皇太后的姪子)和太尉田蚡(武帝的母舅)皆好儒術,他們推薦

第二章 漢初的學術與政治

了王臧為郎中令——掌宿宮殿門戶的近臣，又推薦了王臧的同學趙綰為御史大夫。在這班儒家信徒的慫恿之下，武帝於即位的次年（建元元年）詔丞相、御史大夫、列侯、諸侯王相等薦舉「賢良方正直言極諫之士」來朝廷應試。這次徵舉的意思無疑地是要網羅儒家的人才，廣川大儒董仲舒就是在這次廷試中上了著名的「天人三策」。在策尾，他總結道：

《春秋》大一統者，天地之常經，古今之通誼也。今師異道，人異論，百家殊方，指意不同，是以上無以持一統，法制數變，下不知所守。臣愚以為諸不在六藝之科，孔子之術者，皆絕其道，勿使並進。邪辟之說滅息，然後統紀可一，而法度可明，民知所從矣。

同時丞相衛綰也奏道：

所舉賢良或治申、商、韓非、蘇秦、張儀之言，亂國政，請皆罷。

這奏被武帝批准了。衛綰不敢指斥黃老，因為竇太皇太后的勢力仍在，但是仲舒所謂「諸不在六藝之科、孔子之術者」，則把黃老也包括在內了。當文景時代，太常博士有七十多人，治《五經》及「諸子百家」的均有。經董、衛的建議，武帝後來把不是治儒家《五經》的博士一概罷黜了，這是建元五年（西元前 136 年）的事。

武帝又聽王臧、趙綰的話，把申公用「安車蒲輪」招請了來，準備做一番制禮作樂的大事業，舉行一些當時儒者所鼓吹的盛大的宗教儀式。

　　儒家的張皇生事已夠使竇老太太生氣的了。更兼田蚡等，把竇氏宗室中無行的人，除了貴族的名籍，又勒令住在長安的列侯各歸本國——住在長安的列侯大部分是外戚，且娶了公主，不是竇老太太的女婿，便是她的孫婿，這時他們都向她訴怨。建元二年，趙綰又請武帝此後不要向竇氏奏事。她忍無可忍，便找尋了趙綰、王臧的一些過失，迫得武帝把他們下獄，結果他們自殺了。同時竇嬰、田蚡也被免職，申公也被送回老家去了。但是過了四年，竇老太太壽終正寢，田蚡起為丞相，儒家終得抬頭，而且從此穩坐了中國思想史中正統的寶座。

　　儒家成為正統也是事有必至的。要鞏固大帝國的統治權非統一思想不可，董仲舒已說得非常透澈了，但是拿什麼做統一的標準呢？先秦的顯學不外儒、墨、道、法。可是墨家太質樸、太刻苦了，和當時以養尊處優為天賦權利的統治階級根本不協。法家原是秦自孝公以來國策的基礎，秦始皇更把他的方術推行到「毫髮無遺憾」。正唯如此，秦朝曇花般的壽命和秦民刻骨的怨苦，使法家此後永負惡名。賈誼在

第二章　漢初的學術與政治

《過秦論》裡，以「繁刑嚴誅，吏治刻深」為秦的一大罪狀，這充分地代表了漢初的輿論。墨、法既然都沒有被抬舉的可能，剩下的就只有儒、道了。道家雖曾煊赫一時，但那只是大騷亂後的反動。它在大眾（尤其是從下層社會起來的統治階級）的意識裡是沒有基礎的，但是儒家卻有。大部分傳統信仰，像尊天敬鬼的宗教和孝悌忠節的道德，雖經春秋戰國的變局，也並沒有發生根本動搖，仍為大眾的良心所倚托。道家對於這些信仰，非要推翻，便存輕視；但是儒家對之，非積極擁護，便消極包容。和大眾的意識相矛盾的思想系統是斷難久據要津的，況且道家放任無為的政策，對於大帝國組織的鞏固也是無益而有損的。這種政策經文帝一朝的實驗，流弊已不可掩。無論如何，在外族窺邊，豪強亂法，而國力既充，百廢待舉的局面之下，「清靜無為」的教訓自然失卻了號召力，而代道家而興的自非儒家莫屬。

三　儒家思想在武帝朝的影響

武帝雖然推崇儒家，卻不是一個儒家的忠實信徒。他最得力的人，不是矩範一代的真儒董仲舒（仲舒應舉後，即出為江都相，終身不在朝廷），也不是「曲學阿世」的偽儒公孫弘（雖然弘位至丞相），而是「以峻文決理著」、「以鷹隼擊殺顯」的酷吏義縱、王溫舒之徒，是商人出身的搜括能手桑弘羊、孔僅等人。在廟謨國計的大節上，他受儒家的影響甚小。儒家說，「遠人不服，則修文德以來之」，而他卻傾全國的力量去開邊——他對匈奴的積極政策，董仲舒是曾婉諫過的。儒家說，「國不以利為利，以義為利」，他的朝廷卻「言利事析秋毫」。他的均輸、平準和鹽鐵政策正是董仲舒所謂的「與民爭利業」，在儒家看來是違反「天理」的。

不過除了形式上表彰六藝，罷黜百家外，武帝也著實做了幾件使當時儒者喝采的事。

第一件是「受命」改制的實現。鄒衍的「五德終始」說自戰國末年以來已成了人們普遍的信仰，在漢初，這派思想已完全被儒家吸收了過來，成了儒家的產業。秦朝倒了，新興

第二章　漢初的學術與政治

的漢朝應當屬於什麼德呢？當初高帝入關，見秦有青、黃、赤、白帝四個神祇的祠，卻沒有黑帝，便以黑帝自居。在五行中說黑是和水相配的，高帝遂以為漢朝繼承了秦的水德，正朔、服色等和「德」有關的制度，一仍舊貫。這倒是百忙中省事的辦法。賈誼卻以為漢革秦命，應當屬於克水的土德，提議改正朔，易服色，並於禮樂、政制、官名有一番興革，還親自草具方案。在當時的儒者看來，這種改革是新朝接受天命的表示，是不可缺的大典。賈誼把草具的方案奏上文帝，但是在道家「無為」主義的勢力之下，未得施行。這方案的內容現在只知道「色尚黃，數用五」，這兩點都被武帝採用了。為著「改正朔」，武帝又徵集民間治曆者凡十八派、二十餘人，互相考較，終於採用渾天家（渾天家是想像天渾圓如雞子，地是雞子中黃，天空半覆地上，半繞地下的）落下閎等的測算，制定「太初曆」。這曆法的內容，詳在《漢書‧律曆志》，這裡單表它的兩個要點。以前沿用的秦曆以一年的長度為 365 又 1／4 日，現在則以一年的長度 365 又 385／1509 日，較精密得多。此外，秦曆「建亥」，現在改用「建寅」。這句話得加解釋。古人以冬至所在月為子，次月為丑，餘類推；建寅就是以寅月（冬至後第二個月）為歲首，餘類推。相傳夏曆建寅，殷曆建丑，周曆建子。孔子主張「行夏之時」，太初曆建寅（後來直至民國前相沿不改）

就是實行孔子的話。

第二件是商人的裁抑。除了特別增加商人的捐稅外，武帝又規定商人不得「名田」（即置田為產業）。「告緡令」施行後，據說中產以上的商人大抵破家。

董仲舒曾對武帝建議裁抑富豪和救濟農民的辦法，他說道：

> 秦……用商鞅之法，改帝王之制，除井田，民得賣買（田）。富者田連阡陌，貧者無立錐之地。又專川澤之利，管山林之饒。荒淫越制，逾侈以相高。邑有人君之專，里有公侯之富，小民安得不困？又加月為更卒，已，復為正（卒）一歲，屯戍一歲。力役三十倍於古，田租口賦鹽鐵之利二十倍於古。或耕豪民之田，見稅什伍。故貧民常衣牛馬之衣，而食犬彘之食。重以貪暴之吏，刑戮妄加。民愁無聊，亡逃山林，轉為盜賊。赭衣半道，斷獄歲以千萬數。漢興循而未改。古井田法雖難猝行，宜少近古，限民名田（謂限制人民私有田地的數量），以贍不足，塞兼併之路。鹽鐵皆歸於民。去奴婢，除專殺之威（廢除奴婢制度），薄賦斂，省徭役，以寬民力，然後可善治也。

這是第一次學者為農民向政府請命，這是封建制度消滅後農民生活的血史第一次被人用血寫出。這血史並沒有引起

好大喜功的武帝多大的同情,但是他禁商人名田的法令,似乎是受董仲舒「限民名田」的建議的影響。

第三件是教育的推廣。在西周及春秋時代,王室和列國已有類似學校的機關,但是只收貴族子弟,孟子「設為庠序」以教平民的理想,至武帝方始實現。先時,秦朝以來的太常博士本各領有弟子,但是博士弟子的選擇和任用還沒有定製,而他們各就博士家受業,也沒有共同的校舍。至景帝末,蜀郡太守文翁在成都市中設立學校,招各縣子弟入學,學生免除徭役,卒業的則按成績差使。太守平常治事,每選高材生在旁聽遣,出行也帶著他們,讓其代為傳達教令。縣邑人民見了這些學生都欽羨不已,爭著送子弟入學。這是中國地方公立學校的創始。建元元年,董仲舒對策,獻議「立大學以教於國,設庠序以教於邑」。後來武帝便於長安城外為博士弟子建築校舍,名叫「太學」,並規定博士弟子名額五十,由「太常擇民十八以上,儀狀端正者」充當。這些正式弟子之外,又增設跟博士「受業如弟子」的旁聽生(無定額),由郡國縣官擇「好文學,敬長上,肅政教,順鄉里,出入不悖」的少年充當。正式弟子和旁聽生均每年考試一次,合格的按等第任用。於太常外,武帝又令天下郡國皆立學校,但是這詔令實行到什麼程度現在無從得知。

第二卷　西漢篇／張蔭麟

第三章

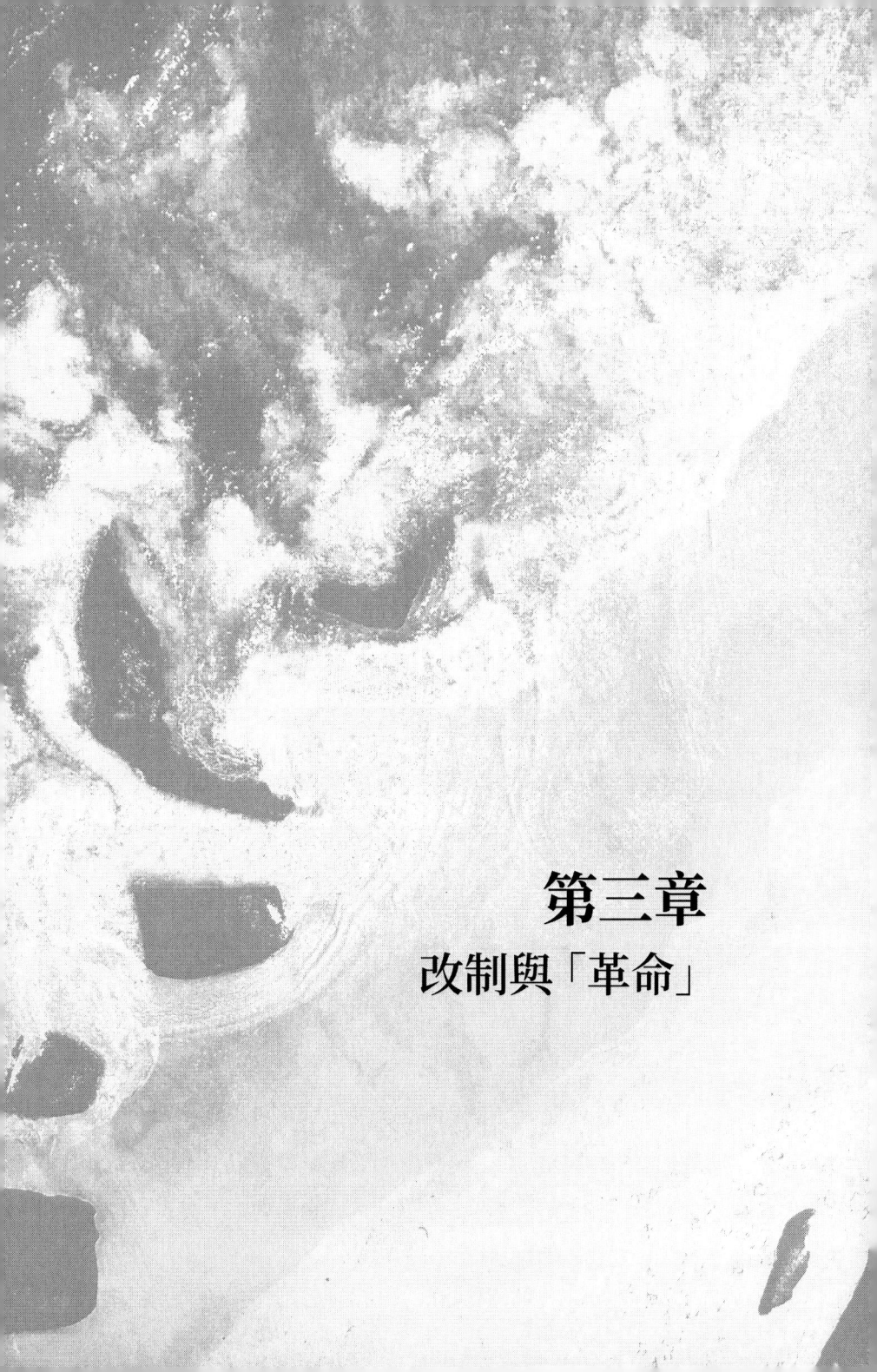

改制與「革命」

第二卷　西漢篇／張蔭麟

一　外戚王氏專權

　　武帝死後，經昭帝、宣帝這和平而繁榮的兩朝，凡四十四年，而至元帝。

　　當元帝做太子時，他的愛妃夭死，臨死時，自言死於非命，是由妾婢詛咒所致。太子悲痛到極，許久不去接近宮裡的任何女人，長日精神恍惚。宣帝很替他擔心，叫皇后覓些可以開解他的女子。皇后選了五人，等他來朝時，讓他瞧見，並囑近身的太監暗中探聽太子的意思。太子本來沒有把這五人看在眼裡，但是怕拂母后意，便勉強答道：「內中有一人可以。」卻沒明說是誰。那太監見五人中獨有一人穿著鑲大紅邊的長褂，並且坐得挨近太子，認為就是她，照稟皇后，皇后便命人把她送到太子宮裡。她叫做王政君，當年她就生了嫡皇孫，即後來的成帝。

　　元帝即位，王政君成了皇后，嫡皇孫成了太子。元帝晚年，太子耽於宴樂，使他很失望，而皇后又已失寵，因此他常想把太子廢掉，另立他最近所戀一個妃嬪的兒子。當他最後臥病時，這妃嬪母子常在他跟前，而皇后和太子難得和他

第三章　改制與「革命」

見面。他屢次查問從前景帝易置太子的故事。是時，皇后、太子和太子的長舅王鳳日夜憂懼卻束手無策，幸虧因一位大臣涕泣力諫，使元帝息了心。

成帝之世，王鳳四兄弟相繼以「大司馬」的資格（大司馬乃是當時最高的軍政長官）輔政。據王鳳的同僚劉向在一封奏章裡的觀察：

> 王氏一門，乘朱輪華轂者二十三人。青紫貂蟬，充盈幄內，魚鱗左右。大將軍（王鳳）秉事用權，五侯（鳳諸弟）驕奢僭盛，並作威福，擊斷自恣。……尚書、九卿、刺史、郡守皆出其門。管執樞機，朋黨比周，稱譽者登進，忤恨者誅傷。遊談者助之說，執政者為之言，排擯宗室，孤弱公族，其有智慧者，尤非毀而不進。……兄弟據重，宗族盤互。歷上古至秦漢，外戚僭貴，未有如王氏者也。

王鳳諸弟繼任時，雖然不能像他那樣專權獨斷，但是王家的勢焰並沒有稍減。

王太后的兄弟共八人，唯獨弟曼早死，沒有封侯，太后很憐念他，便讓他的寡婦住在宮裡，撫育著幼子王莽。王氏眾侯的公子個個驕奢淫逸，只知講究車馬聲伎，唯獨王莽謙恭儉樸，勤學博覽，交結賢俊，穿著得同儒生一般。他對寡母，對諸伯叔，對寡嫂孤姪，無不處處盡道，為人所不能

為。王鳳病，他在跟前侍候，親自嘗藥，蓬頭垢面，衣不解帶，一連好幾個月。王鳳臨死，特別把他託付給太后和成帝，其他諸伯叔也無不愛重他。他不久便被擢升為侍中（宿衛近臣），並封新都侯。他爵位愈尊，待人愈敬謹，還散貲財車馬衣裘，以贈送賓客，贍養名士，又廣交名公巨卿。於是在朝的推薦他，在野的頌讚他，他隱然為一時人望所寄了。

成帝綏和元年（西元前 8 年），王莽的叔父大司馬王根因病辭職，薦莽自代，這時莽才三十八歲。他雖位極人臣，自奉仍如寒素。有一回，他的母親病了，公卿列侯的夫人來問候，他的夫人出迎，不僅衣不拖地（當時貴婦的衣服是拖地的），還穿著用粗布做的「蔽膝」，來賓只當她是婢僕，問知是大司馬夫人，無不吃驚。他把受賞賜所得的貲財完全散給寒士，又延聘賢良，以充屬吏。他的聲譽隨爵位而起。

次年三月，成帝死，絕後，以姪定陶王嗣位，是為哀帝。王政君雖然更新為太皇太后，王氏的權勢卻暫時被哀帝的祖母家傅氏和母家丁氏所壓倒。是年七月，王莽稱病去職。

第三章　改制與「革命」

二　哀帝朝的政治

王莽去職前一月，漢廷議行一大改革，這改革方案的主要條目如下：

（一）一切貴族、官吏及平民，「名田」（謂私有田土）皆不得過三十頃。三年後，過限的充公。

（二）商人皆不得「名田」為吏。

（三）諸侯王蓄奴婢不得過二百人，列侯、公主不得過一百人，關內侯及吏民不得過三十人。年六十以上，十以下，不在數中。三年後過限的充公。

（四）官奴婢，年五十以上，解放為平民，宮人年三十以下，出嫁之。

（五）廢除「任子令」。任子令的規定是，官吏二千石以上，任職滿三年，得蔭子弟一人為「郎」，即皇帝的侍從（這種特權的廢除，宣帝時已有人主張）。

（六）增加三百石以下的官吏的俸祿。這改革案的發動人師丹在建議裡說道：

古之聖王莫不設井田,然後治乃可平。孝文皇帝承亡周亂秦兵革之後……民始充實,未有併兼(資產集中在少數富豪手中,當時叫做「併兼」或兼併),故不為民田及奴婢為限。今累世承平,豪富吏民,貲數鉅萬(謂萬萬),而貧弱愈困。蓋君子為政貴因循而重改作,然所以有改者將以救急也。亦未可詳,宜略為限。

我們把這些話和上一章所載六十年前董仲舒對武帝說的話對讀,便可見一個時代要求的持續性。

這改革案和王莽的關係,史無明文,但是從他日後在政治上的措施看來,他贊成這改革案是無可疑的。

這改革案奏上後,一時奴婢、田地的價值大減。但是丁傅兩家和哀帝的嬖臣董賢覺得它於自己不便,哀帝詔暫緩施行,結果改革就被判了無期徒刑。不久,哀帝賜董賢田二千頃,這改革案中最重要的專案被宣告了死刑。

董賢是中國歷史中一個極奇特的角色。哀帝即位時,他才十七歲,比哀帝少三歲。他生得異常姣好,哀帝做太子時早已傾心於他,即位後,依然時常與他同臥起。他們間有一件千古傳為話柄的事。一日午睡,董賢枕著哀帝的衫袖,哀帝要下床,卻怕驚醒了董賢,就把衫袖剪斷而起。他對董賢的賞賜頗豐,他死後董氏家產被籍沒時,竟賣得四十三萬

第三章 改制與「革命」

萬。這還不足為奇。董賢甫二十二歲,在政治上沒有做過一點事,便被冊為大司馬,並且冊文裡用了「允執厥中」的典故,那是《書經》所載帝堯禪位於舜時說的話。這冊文已夠使朝野驚駭了。不久哀帝宴董賢父子,酒酣,從容對董賢說道:「吾欲法堯禪舜,如何?」

哀帝想效法帝堯,原有特殊的歷史背景。秦漢以來深入人心的「五德終始」說早已明示沒有一個朝代能夠永久,而自昭帝以來,漢運將終的感覺每每流露於儒生、方士之口。昭帝時有一位眭孟因天變上書,有一段說道:

> 先師董仲舒有言,雖有繼體守文之君,不害聖人之受命。漢家堯後(謂漢高帝為帝堯的後裔),有傳國之運,漢帝宜⋯⋯求索賢人,禪以帝位,而退自封百里,如殷周二王後,以承順天命。

眭孟以妖言伏誅,其後二十年,在宣帝時,又有一位蓋寬饒,亦以同類的言論被處死。成帝時,大臣谷永因天變上書,也說道:

「白氣起東方,賤人將興之表也;黃濁(塵)冒京師,王道微絕之應也。」稍後,亦在成帝時,方士甘忠可昌言:「漢家逢天地之大終,當更受命於天。」並且供獻種種重更「受命於天」的法術。忠可雖以「假鬼神罔上惑眾」死於獄中,

他的弟子夏賀良卻又把他的那一套說辭向哀帝進獻。原來哀帝即位後，久病無子，賀良便用這類的話恫嚇他：「漢運已經中衰，應當重新接受天命。成帝不應天命，所以絕嗣。如今陛下久病，天變屢次出現，這就是上天的譴告。」哀帝信了他的話，改建平二年（西元前 5 年）為「太初元將」元年，自號為「陳聖劉太平皇帝」，改刻漏百度為百二十度，並大赦天下。這些就是「更受天命」的法術。但是這一切實行後，毫無效驗。哀帝在計窮望絕之下，又被一種異常的情感所驅使，便自覺或不自覺地要實行眭孟的主張了。

哀帝冊命董賢為大司馬是在元壽元年（西元前 2 年）十二月。次年六月，他還沒有等到「法堯禪舜」，便倉猝死了。

第三章　改制與「革命」

三　從王莽復起至其稱帝

　　王莽罷政後不久，被遣歸「國」（即本封的新都，在今河南）。他閉門韜晦了三年，期間吏民上書替他訟冤的有一百多次。後來，應舉到朝廷考試的士人又在試策裡大大訟贊王莽的功德，哀帝於是召他還京，以陪侍太皇太后。他還京年餘而哀帝死，哀帝絕後，他的母后及祖母又皆已前死，大權又回到太皇太后手中，這時她七十二歲了。王莽於哀帝死後不幾日，以全朝幾乎一致的推舉和太皇太后的詔令，復大司馬職。是年九月，他才選了一個年方九歲的中山王做繼任的皇帝，這時朝中已沒有和王莽不協，或敢和王莽立異的人了。次年，王莽既進號太傅、安漢公，位諸侯王上，太皇太后又從群臣的奏請，下詔道：

　　自今以來，唯封爵乃以聞。他事安漢公、四輔平決。州牧（成帝末王莽為大司馬時，罷刺史，於每州設長官，稱州牧）、二千石及茂材吏初除奏事者，輒引入至近署，對安漢公考故官，問新職，以知其稱否。

　　平帝雖名為天子，連自己的母親衛后也不得見面。她被

禁錮在中山，因謀入長安，全家被誅滅，不久平帝亦鬱鬱而死。他一共做了五年傀儡。在這五年間，王莽行了不少的惠政和善政，舉其要者如下：他大封宗室和功臣的後裔，前後不下二百人。他令官吏自「比二千石」以上，年老退休的，終身食原俸三分之一。值凶年，他獻田三十頃、錢百萬，以與貧民，同僚仿行的二百三十人。他在長安城中起了五條街，房屋二百所，給貧民居住。他立法，婦女非身自犯法，不受株連；男子八十以上七歲以下，非家犯大逆不道，被詔名捕，不得拘繫。他賜天下鰥寡孤獨及高年人以布帛。他在郡（王國同）、縣（侯國同）、鄉、聚（較鄉為小）皆設公立學校；在郡的稱「學」，在縣的稱「校」，每所置經師一人；在鄉的稱「庠」，在聚的稱「序」，每所置《孝經》師一人（《孝經》是戰國末出現的一部勸孝的書，託為孔子和弟子對話的記錄）。他還擴充太學，增加博士人數至每經五人；於五經之外又添立《樂經》；太學生增加至萬餘人，又為太學建築宏偉的校舍，其中學生宿舍就有萬多間。他徵求全國通知逸經、古記、天文、曆算、樂律、文字訓詁、醫藥、方技，和能以五經、《論語》、《孝經》、《爾雅》（秦漢間出現的講訓詁的書）教授的人，由地方官以優禮遣送到京；前後應徵的凡數千人，皆被令在殿庭上記述所學。他又曾奏上「吏民養生，送終，嫁娶，田宅，奴婢之品」。所謂「品」，就是分等

第三章 改制與「革命」

級的限制。董仲舒、師丹的建議他也打算實行,可惜這方案提出不久,適值衛氏之獄,便被擱置了,後來不知何故,竟沒有重提,其詳細要點也就不得而考了。

謳歌和擁戴王莽的人自然不會缺少。當平帝選后,王莽拒絕把女兒送去參加修選時,就每日有千餘人,包括平民、學生和官吏,守闕上書,「願得公女為天下母」,結果他的女兒不待候選便直接做了皇后。當皇后正位後,群臣請求給他「大賞」時,就有八千多人上書附和。當他拒絕接受賞田時,就先後有吏民四十八萬七千五百七十二人上書朝廷,聲言對他「宜亟加賞」。

在這個時期,王莽處處以周公為榜樣,朝野也以周公看待他。傳說周公輔政時,有南方遠夷越裳氏來獻白雉,是為周公功德及遠的表徵;是時也有益州塞外(今安南境)蠻夷,自稱越裳氏,來獻白雉和黑雉,其後四夷聲言因慕義而來朝貢的絡繹不斷。周公「託號於周」,所以朝廷的公論要給王莽以安漢公的稱號。周公位居總領百僚的太宰,所以朝廷的公論要為他特設「宰衡」一職,位在諸侯王之上(宰衡是兼採太宰和阿衡之號,商湯大臣伊尹,號阿衡,曾輔湯孫太甲)。周公的七個兒子都封為諸侯,所以朝廷的公論要把他的兩個兒子(他原有四子,一因殺奴,為他迫令自殺;一

因助衛氏,伏誅;後來又一因謀殺他,為他迫令自殺)都封侯。最後,傳說周公當成王幼小時,曾暫時替代他做天子,謂之「居攝」,於是就有一位侯爵的宗室上書,說:「今帝富於春秋,宜令安漢公行天子事,如周公。」這件想像的史事正要開始重演時,平帝病死,又是絕後。是月就有人奏稱,武功縣長淘井,得白石,上有丹漆寫的文字,曰:「告安漢公莽為皇帝。」王莽卻經問卜和看相之後,選了一個最吉的兩歲宗室子弟子嬰,做平帝的後嗣,同時他受同僚的推戴和太皇太后勉強下的詔令,實行「居攝」。他令臣民稱他為「攝皇帝」,而他在祭祀及朝見太皇太后時,則自稱「假皇帝」(假有代理之意,非言偽)。

在王莽「居攝」的頭兩年間,安眾侯劉崇及東郡太守翟義先後起兵討伐他,皆敗死。第三年(西元8年),宣示天意要王莽做皇帝的「符命」接疊而起。是年十一月,王莽奏上太皇太后,請(許莽):

共事神祇宗廟,奏言太皇太后、孝平皇后,皆(仍)稱假皇帝,其號令天下,天下奏言事,毋言攝,以居攝三年為初始元年,漏刻以百二十為度,用應天命。臣莽夙夜養育,隆就孺子,令與周之成王比德;宣明太皇太后威德於萬方,期於富而教之。孺子加元服,「復子明辟」(謂待子嬰長大

第三章 改制與「革命」

後,還他帝位),如周公故事。

次月,某日黃昏時,有梓潼人哀章,穿著黃衣,拿了一個銅盒,送到漢高祖廟。盒裡裝著兩卷東西,一卷題為〈天帝行璽金匱圖〉,一卷題為〈赤帝行璽劉邦傳予黃帝金策書〉。策書的大意是說王莽應為真天子,太皇太后應從天命。守廟的人奏聞王莽,次日一早,王莽便到高廟拜受這銅盒,即所謂「金匱」,然後謁見太皇太后,之後還坐殿廷,下書道:

予以不德,託於皇初祖考黃帝之後,皇始祖考虞帝之苗裔,而太皇太后之末屬。皇天上帝隆顯大佑,成命統序,符契圖文,金匱策書,神明詔告,屬予以天下兆民。赤帝漢氏高皇帝之靈,承天命傳國。金策之書,予甚只畏,敢不欽受?以戊辰直「定」(定是建除等十二日次之一),御王冠,即真天子位。定有天下之號曰「新」。其改正朔,易服色,變犧牲,殊徽幟,異器制。以十二月朔癸酉為始建國元年正月之朔。

123

四　王莽的改革

王莽即位後，除了改正朔、易服色等外，還要改變全國的經濟機構。他自從少年得志以來，可謂從心所欲，想做之事無不成為事實。現在他要依照先聖的啟示、理性的喚召，為大眾的福利和社會的正義，去推行一種新的經濟制度，難道還會遇到不可克服的阻礙嗎？孟子所提倡而認為曾經存在過的「井田」制度，時常閃爍於西漢通儒的心中，不過董仲舒和師丹都認為「井田」制「難猝行」，不得已而思其次，才提出了「限民名田」的辦法。王莽在勝利和樂觀、信古和自信之餘，便完全看不見董仲舒和師丹所看見的困難了。他不但要實行「井田」制度，並且要同時改革奴隸的制度。始建國元年（西元9年）王莽下詔道：

古者設廬井八家，一夫一婦田百畝，什一而稅，則國給民富而頌聲作。此唐虞之道，三代所遵行也。秦為無道，……壞聖制，廢井田，是以兼併起，貪鄙生，強者規田以千數，弱者曾無立錐之居。又置奴婢之市，與牛馬同欄，制於民臣，專斷其命（謂吏民得擅殺奴婢）。奸虐之人，因

緣為利,至略賣人妻子。逆天心,悖人倫,謬於「天地之性人為貴」(語出《孝經》)之義。……漢氏減輕田租,三十而稅一,常有更賦,疲癃咸出。而豪民侵陵,分田劫假。厥名三十稅一,實什稅五也。父子夫婦,終年耕耘,所得不足以自存。故富者犬馬餘菽粟,驕而為邪;貧者不厭糟糠,窮而為奸。俱陷於辜,刑用不措。……今更名天下田曰王田,奴婢曰私屬,皆不得買賣。其男口不盈八而田過一井者,分餘田予九族鄰里鄉黨。故無田,今當受田者如制度。致有非井田聖制,無法惑眾者,投諸四裔,以禦魑魅,如皇始祖考虞帝故事。

這道詔書亦宜與董仲舒請限民名田及廢除奴婢的奏章對讀。這道詔書所提出的改革,分析如下:

(一)田地國有,私人不得買賣(非耕種的土地,似不在此限)。

(二)男丁八口以下之家占田不得過一井,即九百畝。關於男丁八口以上之家無明文,似當以「八丁一井」的標準類推,有爵位食賞田的當不在此限。

(三)占田過限的人,分餘田與宗族鄉鄰。

(四)無田的人,政府與田;所謂「如制度」,似是依「一夫一婦田百畝」的辦法。有田不足此數的亦當由政府補足。

（五）現有的奴婢，不得買賣（但是沒有解放）。買賣自由人為奴婢，雖沒有提及，當亦在禁止之列。現有的奴婢的子孫是否仍聽其承襲為奴婢，亦沒有明文。若是，則是王莽要用漸進的方法廢奴；若否，則他並不是要完全廢奴。

這道詔令實際上曾被施行到什麼程度，不可確考，據說「坐買賣田宅奴婢，……自諸侯卿大夫至於庶民，抵罪者不可勝數」。可惜這幾句話太籠統了。這道詔令的推行必當碰到的困難和阻礙是怎樣，歷史上亦沒有記載，但是到了始建國四年，有一位中郎將區博進諫道：

> 井田雖聖王法，其廢久矣。……今欲違民心，追復千載絕跡，雖堯舜復起，而無百年之漸，弗能行也。天下初定，萬民新附，誠未可施行。

王莽聽了他的話，便下詔：

> 諸名食王田，皆得賣之，勿拘以法。犯私買賣庶人者，且一切勿治。

這裡只涉及上列的第一項及第五項的一部分，其餘各節不知是否亦連帶撤銷。但是我們要注意，他的解禁並不是否認始建國元年的詔令在四年間所造成的事實。

除了關於土地和奴婢的新法外，王莽在民生及財政上還

第三章 改制與「革命」

有六種重要的興革：

（一）國營專利事業的推廣。武帝時國家已實行鹽鐵和酒的專賣，其後酒的專賣廢於昭帝時，鹽鐵的專賣則在宣帝時廢而旋復。王莽除恢復酒的專賣外，更推廣國家獨占的範圍及於銅冶和名山大澤的資源的開採，同時厲禁人民私自鑄錢。

關於這一項立法的用意，王莽曾有詔說道：

夫鹽，食肴之將（將帥）；酒，百藥之長，嘉會之好；鐵，田農之本；名山大澤，饒衍之藏，五均賒貸，百姓所取平，仰以給贍；錢布銅冶，通行有無，備民用也。此六者非編戶齊民所能家作，必仰於市，雖貴數倍，不得不買，豪民富賈，即要（要挾）貧弱。先聖知其然也，故斡（謂由國家經營）之。

（二）國家放款的創始。人民因祭祀或喪事所需，得向政府借款，不取利息；還款期限，祭祀十日，喪事三月。人民因經營生業，得向政府借款，每年納息不過純淨營利的十分之一。

（三）國營「平價」貿易的創始。五穀、布帛、絲綿等類日常需用之物遇滯銷時，由政府照本收買。政府在各地算出這類貨物每季的平均價格（各地不必同），若貨物的市價超

過平均價,則政府照平均價出賣,若低過平均價,則聽人民自相買賣。這制度雖然與武帝所行的平準法有點相似,但是用意則極不相同。後者目的在政府營利,前者則在維持一定的物價水準,便利消費者而防止商人的囤積居奇。

(四)荒棄土地稅的創始。不耕的田和城郭中不種植的空地皆有稅。

(五)處理無業遊民的新法。無業的人每丁每年須繳納布帛一匹,不能繳納的由縣官征服勞役,並供給其衣食。

(六)所得稅的創始。對一切工商業(包括漁獵牧畜、巫醫卜祝、旅店經營以至婦女之養蠶、紡織和縫補)取純利十一分之一,叫做「貢」,政府收入的一貢即為放款與人民的本錢。貢稅與現代所得稅的異點在前者沒有累進的差別,亦沒有免徵的界限。

以上的制度,除銅冶的專利公布於始建國元年外,其餘皆在始建國二年以後陸續公布,其被實際施行的程度和推選時所遇的困難和阻礙,歷史上亦均無記載。銅冶的專利弛於始建國五年,山澤的專利弛於地皇三年(西元 22 年),次年王莽便敗死。

五　新朝傾覆

　　王莽對於立法的效力有很深的信仰，他認為「制定天下自平」。除上述一切關於民生和財政的新法外，他對於中央和地方的官名官制、行政區域的劃分，以及禮樂刑法無不有一番改革。他自即位以來，日夜和公卿大臣們引經據典地商討理想的制度，議論連年不休。他沿著做大司馬時的習慣，加以疑忌臣下，務要集權攬事，臣下只有唯諾敷衍，以求免咎。他雖然每每忙到通宵不眠，但是如官吏的遴選、訟獄的判決等經常性的行政事務，卻沒有受到充分的理會。有些縣甚至幾年沒有縣長，缺職一直被兼代著，地方官吏多不得人就是無足為怪的了。更兼他派往各地的鎮守將軍，「繡衣執法」，而絡繹於道的種種巡察督勸的使者又多是貪殘之輩，與地方官吏相緣為奸。在這樣的吏治情形之下，即使是利民的良法，也很容易會變成病民之策。何況像貢稅和荒地稅本屬苛細，國家專利的事業禁民私營。像鑄錢和銅冶，犯者鄰里連坐，這又給奸吏以虐民的機會。

　　在王莽的無數改革中，有一件是本身甚微而影響甚大

的，即王爵的廢除。從前受漢朝冊封為王的四夷的君長都要降號為侯，並且要更換璽印。為著這事，朝鮮的高句麗、西南夷鉤町先後背叛。王莽對他們純採用高壓政策。他派十二將領三十萬甲卒，十道並出，去伐匈奴。因為兵士和軍用徵發的煩擾，內郡人民致有流亡為盜賊的，并州、平州尤甚。出征的軍隊屯集在北邊，始終沒有出擊的機會。邊地糧食不給，加以天災，起大饑荒，人民相食，或流入內郡為奴婢。邊地的屯軍生活困苦，又荼毒地方，五原、代郡受禍尤甚；其人民多流為盜賊，數千人為一夥，轉入旁郡，經一年多，才被平定。此時，北邊郡縣已大半空虛了。為伐匈奴，王莽強徵高句麗的兵，結果高句麗亦叛，寇東北邊。征鉤町的大軍，十之六七死於瘟疫，而且最後沒有得到決定性的勝利。為給軍用，他賦斂益州人民財物，至於十收四五，益州因而虛耗。以上都是王莽即真以來八年間的事。

從新朝的第九年（是年莽六十二歲）至第十四年（西元17年至西元22年）間，國內連年發生大規模的天災，始而枯旱，繼以飛蝗。受災最重的地方是青、徐二州（今山東的東南部和江蘇的北部）和荊州（今河南的南部和湖北的北部）。災害的程度，除了表現於四方蜂起的饑民暴動外，還有二事可徵：其一，山東饑民流入關中求食的就有數十萬人；其二，王莽分遣使者往各地，教人民煮草木為「酪」以代糧

第三章 改制與「革命」

食,這種「酪」卻被證明是無效的替代品。

暴動的饑民起初只遊掠求食,常盼年歲轉好,得歸故里;不敢攻占城邑,無文告旗幟,他們的魁帥亦沒有尊號,他們有時俘獲大吏也不敢殺害。因將吏剿撫無方,饑民們漸漸圍聚,並和社會中本來不飢的梟悍分子結合,遂成為許多大股的叛黨。其中最著者為萌芽於琅琊而蔓延於青、徐的「赤眉」(叛徒自赤其眉,以別於官軍,故名),和最初窟穴於綠林山(在今湖北當陽)而以荊州為活動範圍的綠林賊,二者皆興起於新朝的第九年。綠林賊後來分裂為下江兵和新市兵。

第十三年(即地皇二年,西元 21 年),王莽遣太師羲仲景尚、更始將軍王黨將兵擊青、徐,同時又遣將擊鉤町,並令天下轉輸穀帛至北邊的西河、五原、朔方和漁陽諸郡,每郡以百萬數,預備大舉伐匈奴。是年,曾以剿賊立大功,領青、徐二州牧事的田況上平賊策道:

盜賊始發,其原甚微,部吏伍人所能擒也。咎在長吏不為意,縣欺其郡,郡欺朝廷,實百言十,實千言百。朝廷忽略,不輒督責,遂致延蔓連州。乃遣將率(率乃新朝將帥之稱)多發使者,傳相監趣(促)。郡縣力事上官,應塞詰對。供酒食,具資用,以救斷斬。不給(暇)復憂盜賊,治

131

官事。將率又不能躬率吏士，戰則為賊所破，吏氣浸傷，徒費百姓。前幸蒙赦令，賊欲解散，或反遮擊，恐入山谷轉相告語。故郡縣降賊，皆更驚駭，恐見詐滅。因饑饉易動，旬日之間，更十餘萬人。此盜賊所以多之故也。今洛陽以東，米石二千。竊見詔書欲遣太師、更始將軍（指義仲景尚與王黨）。二人爪牙重臣，多從人眾，道上空竭，少則無以威視遠方。宜急選牧尹以下，明其賞罰。收合離鄉、小國、無城郭者，徙其老弱，置大城中，積藏穀食，並力固守。賊來攻城則不能下，所過無食，勢不得群聚。如此招之必降，擊之則滅。今空復多出將卒，郡縣苦之，反甚於賊。宜盡徵還乘傳諸使者，以休息郡縣，委任臣況以二州盜賊，必平定之。

王莽不聽，反免田況職，將其召還京師。

第十四年二月，義仲景尚戰死。四月，莽繼派太師王匡和更始將軍廉丹，將銳士十餘萬，往征青、徐。大軍所過，百姓唱道：

寧逢赤眉，不逢太師。太師尚可，更始殺我！

十月，廉丹戰死，全國震動。十一月，下江、新市兵與平林、舂陵兵聯合。平林、舂陵兵皆以其興起之地命名，先後皆於是年興起。舂陵兵的領袖乃漢朝皇室的支裔，劉和劉秀兩兄弟。

第三章　改制與「革命」

　　第十五年二月，下江、新市等聯軍擁立劉玄為皇帝，改元更始。劉玄亦為漢朝皇室的支裔，他即位之日，對郡臣羞愧流汗，舉手不能言語。是時聯軍攻宛城未下，他駐蹕宛城下。三月，王莽詔發郡國兵四十餘萬，號百萬，會於洛陽，以司空王邑、司徒王尋為將。五月，二王率其兵十餘萬由洛陽向宛出發，路過昆陽，時昆陽已降於聯軍，二王首要把它收復。部將嚴尤獻議道：「今僭號的人在宛城下，宛城破，其他城邑自會望風降服，不用費力。」但王邑道：「百萬大軍，所過當滅，如今先屠此城，喋血而進，前歌後舞，豈不快哉！」於是縱兵圍城數十重，城中請降，王邑不許。嚴尤又獻計道：「兵法上說『歸師勿遏，圍城為之闕』，可依此而行，使城中賊得路逃出，好驚怖宛下。」王邑依舊不聽。先時當城尚未合圍時，劉秀漏夜從城中逃出，去請救兵。六月劉引救兵到，自將步騎千餘為前鋒。二王亦派兵迎擊，卻連戰皆敗。劉秀乃率敢死隊三千人從城西水上衝官軍的中堅。二王輕視他，自將萬餘人出陣，令其他營伍各守本部，不得擅動。二王戰不利，大軍又不敢擅來救援。二王陣亂，劉秀乘勢猛攻，殺王尋。城中兵亦鼓譟而出，內外夾擊，震呼動天地，官軍大潰，互相踐踏，伏屍百餘里。是日風雷大作，雨下如注，近城的河川盛潦橫溢，官兵溺死者以萬計，得脫的紛紛奔還本鄉。王邑只得領著殘餘的「長安勇敢」數千，

遁歸洛陽。消息所播，四方豪傑風起雲湧地舉兵響應，旬日之間，遍於國中。他們大都殺掉州牧郡守，自稱將軍，用更始的年號，等候著新主的詔命。九月，響應更始的「革命」軍進入長安，城中市民亦起暴動相應，王莽被殺，手刃他的是一個商人。他的屍體被碎裂，他的首級被傳送到宛。

做過王莽的「典樂大夫」的桓譚在其所著《新論》裡曾以漢高帝與王莽比較，並指出王莽失敗的原因。他說道：

> 維王翁（即莽）之過絕世人有三焉：其智足以飾非奪是，辨能窮詰說士，威則震懼群下，又數陰中不快己者。故群臣莫能抗答其論，莫敢干犯匡諫，卒以致亡敗，其不知大體之禍也。夫（知）帝王之大體者，則高帝是已。高帝曰：張良、蕭何、韓信，此三子者，皆人傑也；吾能用之，故得天下。此其知大體之效也。王翁始秉國政，自以通明賢聖，而謂群下才智莫能出其上，是故舉措興事，輒欲自信任，不肯與諸明習者通，……稀獲其功效焉，故卒遇破亡。此不知大體者也。高帝懷大智略，能自揆度。群臣制事定法，常謂曰：庫而勿高也，度吾所能行為之。憲度內疏，政合於時，故民臣樂悅，為世所思。此知大體者也。王翁嘉慕前聖之治，……欲事事效古……而不知己之不能行其事。釋近趨遠，所尚非務。……此不知大體者也。高祖欲攻魏，乃使人窺視其國相及諸將卒左右用事者。乃曰：此皆不如吾蕭何、曹參、韓

信、樊噲等，亦易與耳。遂往擊破之。此知大體者也。王翁前欲北伐匈奴，及後東擊青、徐眾郡赤眉之徒，皆不擇良將，但以世姓及信謹文吏，或遣親屬子孫素所愛好，或無權智將帥之用。猥使據軍持眾，當赴強敵。是以軍合則損，士眾散走。……（此）不知大體者也。

第三卷
東漢篇／呂思勉

第一章
後漢的政治

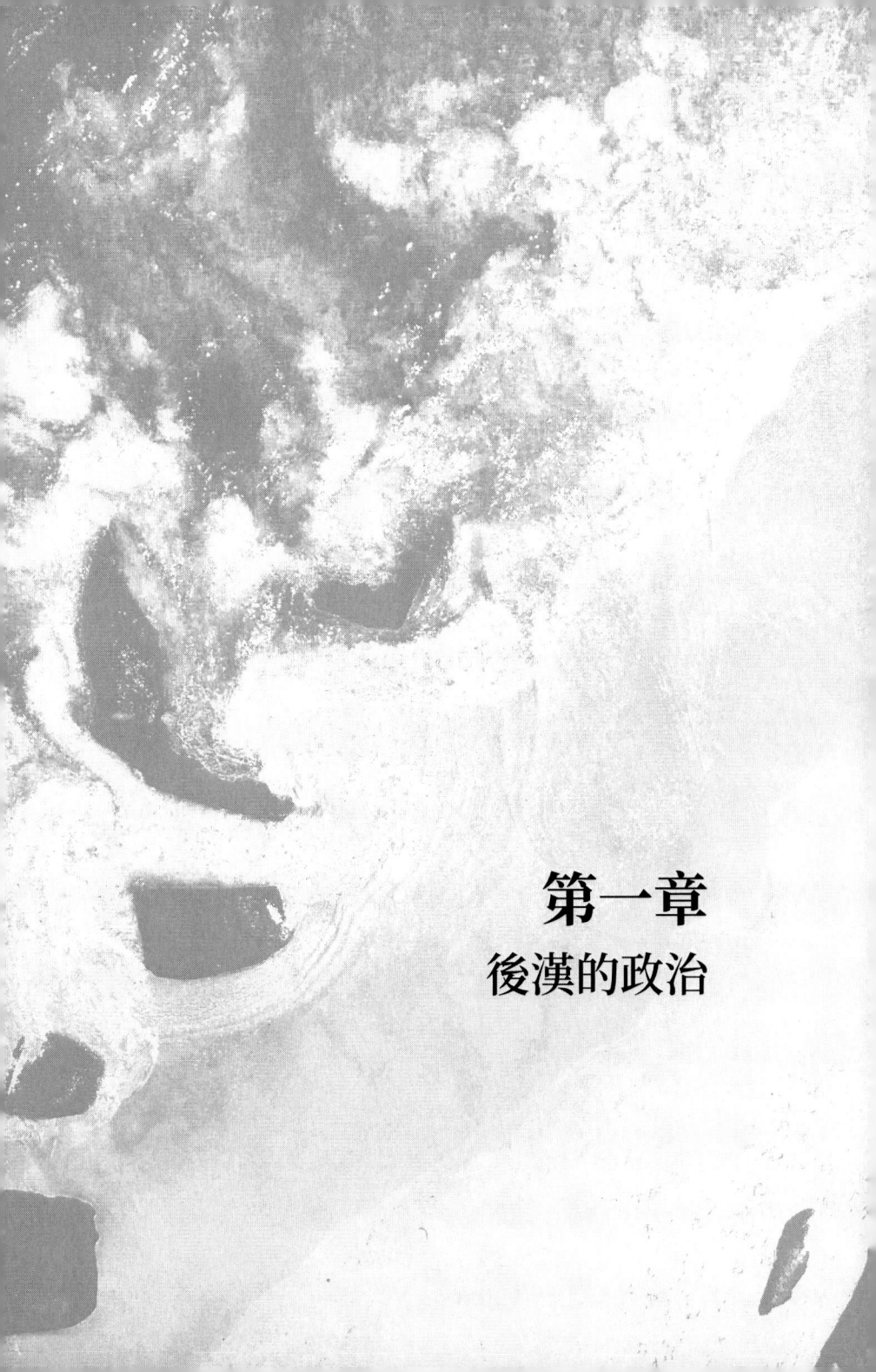

莽末之亂，其經過約二十年。雖然不算很久，然而蔓延的範圍很廣，擾亂的情形也十分厲害，所以民生的凋敝更甚於秦漢之間。光武帝劉秀平定天下後，亦是以安靜為治。內之則減官省事，外之則拒絕西域的朝貢，免得敝中國以事四夷。同時他又退功臣，進文吏，留心於政治，所以海內日漸康寧。明、章兩代，也能繼承他的治法。這三朝，稱為後漢的治世。

後漢的政治，壞於外戚、宦官的專權，而外戚的專權，起於和帝之世。先時，章帝皇后竇氏無子，貴人宋氏生子慶，立為太子。梁氏生子肇，竇后養為己子，後誣殺二貴人，廢慶為清河王，而立肇為太子。章帝崩，肇立，是為和帝，太后臨朝。后兄憲為大將軍，專權驕恣。和帝既長，和宦官鄭眾謀殺之，是為後漢皇帝與宦官謀誅外戚之始。和帝崩，殤帝立，生才百餘日，明年，又崩。太后鄧氏迎立安帝，臨朝凡十五年。鄧太后崩，安帝自用其皇后之兄閻顯，又寵信諸中常侍和乳母王聖等。閻皇后無子，後宮李氏生順帝，立為太子，閻皇后譖廢之。安帝崩，閻后迎立北鄉侯，未踰年薨。宦者孫程等迎立順帝，殺閻顯，遷閻后於離宮。順帝用后父梁商為大將軍。商死後，子冀繼之，專恣較前此之外戚更甚。順帝崩後，子沖帝立，一年而崩。冀與太后定策禁中，迎立質帝。質帝雖年少，而知目冀為「跋扈將

第一章　後漢的政治

軍」，遂為冀所弒，迎立桓帝。桓帝和宦官單超等合謀，把梁冀殺掉，於是後漢外戚專權之局終，而宦官轉橫。

外戚、宦官更迭把持，朝政自然很腐敗。因此而引起羌亂，還因此而激成黨禍。

羌人本住在湟水流域，後來棄湟水，西依鮮水、鹽池。莽末，乘亂內侵。光武、明、章、和四代，屢次發兵，把它打敗。然而降羌散處內地的很多，郡縣豪右都要侵凌役使羌人。安帝時，羌遂反叛。降羌本是個小寇，造反時連兵器都沒有，然而當時帶兵的人都觀望不戰，加之涼州一方面的長官都爭著要遷徙到內地，或置百姓於不顧，或強迫百姓遷徙，於是羌寇轉盛。至於羌人東寇三輔，南略益州，漢兵僅能保守洛陽附近而已。而兵費的侵漁，又極厲害。

安帝時，用兵十餘年，兵費至二百四十億，才算勉強平定。順帝時，羌亂又起，兵費又至八十餘億。直到桓帝時，他任用段熲，盡情誅剿，又經過好幾年，才算徹底平定羌亂。然而漢朝的元氣，則自此而大傷了。

黨禍起於後漢的士好立名。士人初則造作名目，互相標榜，進而誹議公卿，裁量執政。這時候，遊學之風極盛，太學諸生至三萬餘人，恰好做了橫議的大本營。當時宦官兄弟、姻親布滿州郡，對其盡情懲治，自然是人情之所欲，並

139

且也是立名的一個機會,於是宦官與名士勢成水火。桓帝也是相信宦官,宦官遂誣士人結連黨羽,誹議朝政,要一概加以逮治。後因后父竇武替他們解釋,才放歸田里勞作,然而還是禁錮終身。桓帝崩,無子,竇后和竇武定策禁中,迎立靈帝,年方十二,太后臨朝。竇武為大將軍,陳蕃為太傅,謀誅宦官賈節、王甫等,不克,反為所殺。於是黨獄復興,諸名士身受其害,和因其逃亡追捕,而人民因之受禍的更多。善類遭殃,天下喪氣。靈帝年長,尤其相信宦官,又喜歡「私蓄」賣官、厚斂,無所不為。於是民窮財盡,而黃巾之禍又起。

黃巾的首領是鉅鹿張角,借符水治病以惑眾,其徒黨遍於青、徐、幽、冀、荊、揚、兗、豫八州。角遂謀為亂,暗中署置其眾,為三十六方。約以西元184年舉事,未及期而事洩,角遂馳敕諸方,一時俱起。雖然這次起義的俱是烏合之眾,旋即被鎮壓,然自此盜賊群起,都以黃巾為號,郡縣莫能捕治。於是靈帝聽劉焉的話,改刺史為州牧,外官的威權漸重,又伏下一個亂源。

而中央又適有變故,以授之隙。先時,靈帝皇后何氏生廢帝,美人王氏生獻帝。靈帝意欲廢嫡立庶,未及行而病篤,於是把這事屬託宦官蹇碩。時何皇后之兄進為大將軍。

第一章　後漢的政治

靈帝崩後,蹇碩意欲誘殺何進而立獻帝,何進知之,擁兵不朝,蹇碩無如之何。於是廢帝立,而蹇碩亦被殺。何進因欲盡誅宦官,太后不肯,進乃謀召外兵,以迫脅太后。宦官知事急,誘進入宮,把他殺掉,進官屬袁紹等遂舉兵攻殺宦官。正當大亂之際,涼州將董卓至,京中大權遂落其手。董卓既握大權,廢廢帝而立獻帝。袁紹奔山東,號召州郡起兵討卓,各州郡推紹為盟主。董卓劫獻帝奔長安。山東州郡並無討賊的決心,各據地盤,互相吞併。而董卓暴虐過甚,為司徒王允和呂布所殺。卓將李傕、郭汜起兵為卓報仇,攻破長安,王允被殺,呂布奔東方。後來傕、汜二人又自相攻擊。獻帝崎嶇逃到洛陽,空虛不能自立。其時曹操據兗州,頗有兵力,乃召操入洛陽以自衛。操既至,遷帝都許,於是大權盡歸曹氏,獻帝僅擁虛名而已。此後,紛紛割據的人多,曹操亦一時不能平定,遂終成為三國鼎立之局。

第三卷　東漢篇／呂思勉

第二章

兩漢的制度

「漢治」是後世所號為近古的。因其時代早,在政治制度和社會風俗上,都有沿襲古人之處。

在官制上,漢代的宰相權力頗大,體制亦尊,這是和後世不同的。宰相初稱丞相,或稱相國。從來今文經說盛行,乃將丞相改為司徒,又把掌武事的太尉改為司馬,為丞相副貳的御史大夫改為司空,並稱相職。其中央政府分掌眾務的九卿,則分屬於三公。外官仍沿秦郡縣之制,但不置監御史,由丞相遣使分察各州,謂之刺史。刺史不是地方官,但奉詔六條察州,其人位卑而權重,故多能自奮,而亦無專擅之患,這實是一種善制。漢代去古未遠,人民自治的規制亦尚未盡廢。其民以百家為一里,里有魁。十里為一亭,亭有長。十亭為一鄉,鄉有三老,掌教化;嗇夫,職聽訟,收賦稅;遊徼,主徼循,禁賊盜。此等名目,後世固亦多有,然多成為具文,漢世則視之甚尊。高帝時,嘗擇鄉三老一人,置以為縣三老,與縣令、丞、尉相並列,可以以事相教。而嗇夫等亦很有德化流行,為人民所畏服。這與後世顯然不同。

漢代的學校,起源於武帝的時候。當時沒有立校舍,也沒有設教官,但是為太常屬官的博士能置弟子員五十人,後來遞有增加。到平帝時,王莽輔政,才大建校舍,然未久即

第二章　兩漢的制度

亂，故其成績無聞。

後漢則天下甫定，即營建太學，明、章二代尤極崇儒重道。雖以順帝的陵夷，還能增修黌舍，所以其時遊學者極盛。然「章句漸疏，專以浮華相尚」，遂至釀成「黨錮之禍」。大約當時的學校中，研究學問的人少，藉此通聲氣的人多，所以董昭也說「國士不以孝弟清修為首，乃以趨勢遊利為先」。於是學術的傳授轉在私家，學校以外的大師，著錄動至千萬，遠非前漢所及了。

選舉則其途頗多。博士和博士弟子之外，又有任子，有吏道，有辟舉。其天子特詔，標明科目，令公卿郡國薦舉的，是後世制科的先聲；又州察秀才，郡舉孝廉，則是後世科目的先聲。又有所謂貲選的。漢初限貲十算以上乃得官，此尚出於求吏廉之意，和現在的保證金相像。晁錯說文帝令民入粟拜爵，其益亦止於買復。不及買復者，並不過一虛名。到武帝時，民得入財為郎，吏得入穀補官，這就同後世的捐納無異了。

漢朝的賦稅可分為三種：一是田租，就是古時的稅，是取得很輕的。漢初十五而稅一。文帝時，因行晁錯入粟拜爵之令，到處都有積蓄，於是全免百姓的田租。到景帝二年，才令百姓出定額的一半，於是變為三十而稅一了。後漢初，

因天下未定，曾行什一之稅，後來仍恢復到老樣子。二是算賦，也稱口賦，又稱口錢，這是古時的賦。人民從十五歲到五十六歲，每人每年出錢一百二十，以治庫兵車馬；從七歲到十四歲，每人每年出錢二十，以食天子。武帝又加三個錢，以補車騎馬。這一筆稅，在現在看起來似乎很輕，然而漢代錢價貴，人民的負擔實在很重，所以當武帝令人民提早生子，三歲即出口錢時，人民就有生子不舉的（生了孩子不養育，溺死或扔掉）。三是力役。照漢朝法律，年紀到二十三歲就要傅之「疇官」，景帝又提早三年，令人民二十始傅。此外山川、園池、市肆、租稅的收入，自天子以至封君湯沐邑，都把它算作私奉養。這是將古者與民共之之山澤和廛而不稅的商業，都變作人君的私收入了。這大約自戰國時代相沿下來的。又武帝因用度不足，嘗官賣鹽鐵，又榷酒酤，算緡錢，行均輸之法。後來酒酤到昭帝時被豁免，鹽鐵官賣在元帝時一罷即復。後漢則無鹽鐵之稅。章帝曾一行之，因不洽輿論，和帝即位，即以先帝遺意罷免。

兵制：西漢所行的，仍是戰國時代通國皆兵的遺制。人民到二十三歲就要服兵役，到五十六歲才免。郡國看其地形，有輕車、騎士、材官、樓船等兵。兵士由尉佐郡守於秋後講肄都試，其戍邊之責亦由全國人民公任之。在法律上，人人有戍邊三日之責，是為「卒更」。武帝以後，用兵多

了，為了免得騷動平民，於是多用「謫發」。而國土既大，人人戍邊三日亦事不可行，於是有人出錢三百入官，由官給已去的人，叫他留戍一年，此謂之「過更」。其窮人願意得僱錢，依次當去的人出錢給他，使他留戍，每月兩千個錢，則謂之「踐更」。後漢光武罷郡國都尉，並職太守。都試之事，自此而廢。雖然這一舉措有一時清靜之效，然而歷代相傳的民兵制度，也就自此而廢了。

　　刑法：漢代沿自秦朝，很為嚴酷。文帝時，有太倉令淳于意犯罪當刑，其女緹縈隨至長安，上書願沒入為官婢，以贖父刑罪。文帝憐悲其意，乃下詔為除肉刑。然而漢代司法界的黑暗，實不只刑罰的嚴酷，還有法律的混亂。秦代的法律，本即李悝所定的《法經》六篇。漢高帝入關後把它廢掉，只留三章，天下平定之後，又將它恢復過來。然而這本是陳舊之物，不足於用，於是漢代遞有增益其數目，共至六十篇。而所謂的「令」及「比」，以至於後人所為的「章句」，斷罪時都可「由用」。文繁而無條理系統，奸吏遂因緣為市，「所欲活則傅生議，所欲陷則與死比」。宣帝留心刑獄，涿郡太守鄭昌曾勸他刪定律令，後來也屢有此議，亦曾下詔實行，然而迄未能收效。

第三卷　東漢篇／呂思勉

第三章
秦漢的武力

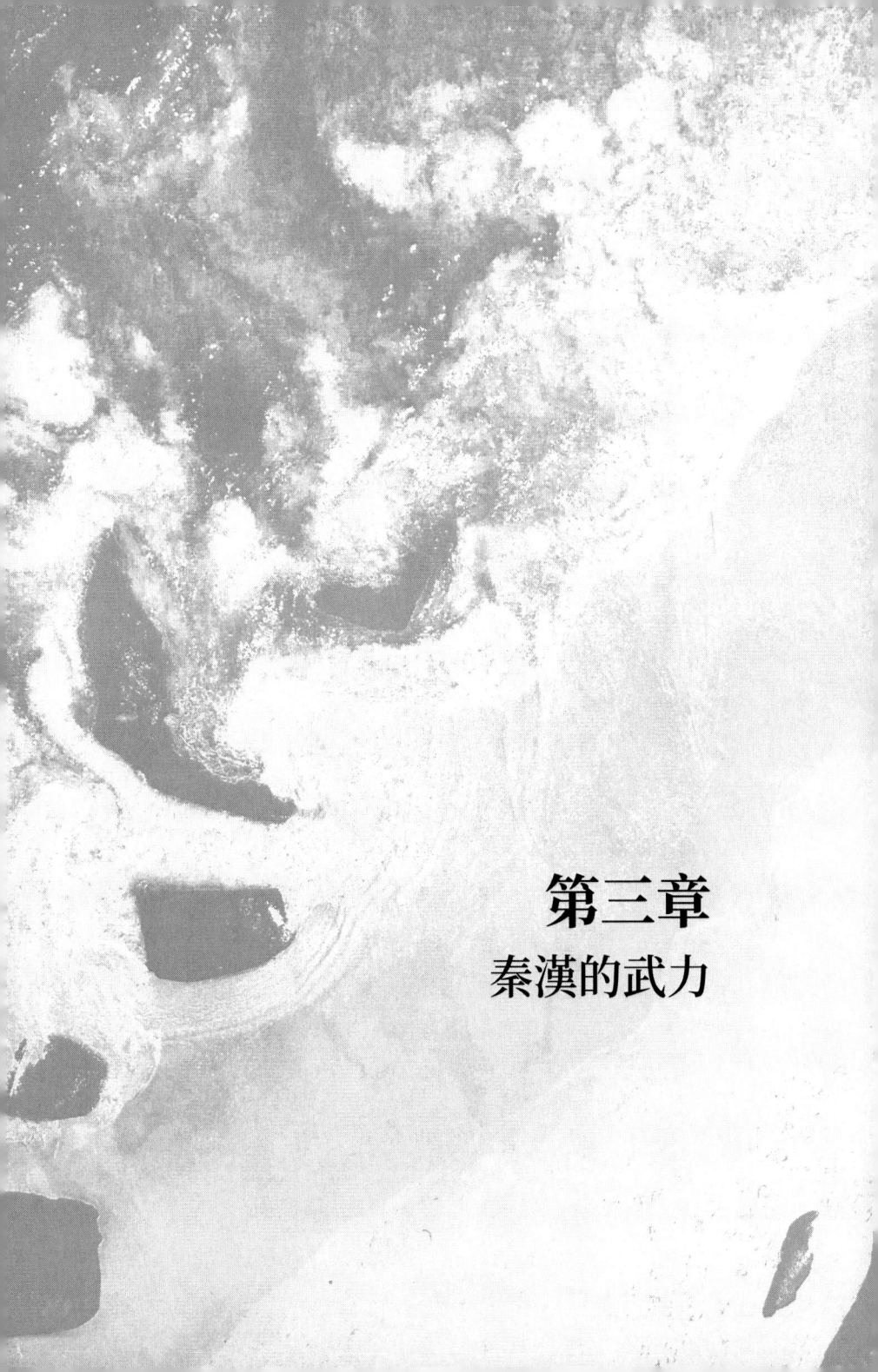

秦漢之世，是中國對內統一的時代，亦是中國向外拓展的時代。中國本部的統一完成於此時，歷代開拓的規模也自此時定下，所以秦漢的武力是一個亟須研究的問題。

中國的北方緊接蒙古高原，蒙古高原是一個大草原，最適於游牧民族居住，而游牧民族生性好侵略，所以歷代中原政權都以防禦北族為要務。三代以前，匈奴和漢族雜居黃河流域，蒙古高原上大約無甚大民族。至秦朝初年，匈奴以河南為根據地，秦始皇命蒙恬把它趕走。收復河南後，秦又自臨洮至遼東築起長城，延袤萬餘里。這長城大約是因山川自然之勢，將從前秦、趙、燕諸國所築的長城連起來的，其路線與現今的長城全然不同，就形勢推測，大約現在的熱、察、綏、遼寧等省都當包括在內。秦末大亂，戍邊的都自行離開，於是匈奴復入居河南。這時候，匈奴出了個人傑，便是冒頓單于。北方游牧民族，東有東胡，西有月氏，都被匈奴擊破了。匈奴又北服丁令等國，其疆域直達今西伯利亞南部。而因月氏的遁走，漢文帝時，匈奴又征服西域。於是長城以北，引弓之民都歸匈奴所制馭，儼然和中國南北對立了。漢高帝征伐匈奴，被圍於平城，七日乃解。後來用婁敬的計策，以宗室女為單于閼氏，和匈奴和親。這是中國歷代和親政策之始。呂后及文、景二代，都守著和親政策，對匈奴入寇，不過發兵防之而已。到武帝，才任用衛青、霍去病

第三章　秦漢的武力

等，出兵征討。漢軍先收河南之地，置朔方郡，後來又屢次出兵，渡過沙漠去攻擊。匈奴自此遂弱，然而還未肯稱臣。到宣帝時，匈奴內亂，五單于爭立，其呼韓邪單于才入朝於漢。和呼韓邪爭鬥的郅支單于逃到康居，被漢西域副校尉陳湯矯制發諸國兵所攻殺，時為西元前 36 年。前漢和匈奴的競爭，到此算告一段落。呼韓邪降漢後，起初對漢很恭順，但是到王莽時，因外交政策失宜，匈奴復叛。其時中國正值內亂，無人能去抵禦，北邊遂大受其害。後漢光武時，匈奴又內亂，分為南北。其南單于降漢，入居西河美稷。和帝時，大將軍竇憲出兵大破北匈奴於金微山。自此北匈奴西走，輾轉入於歐洲，為歐洲人種大遷移的引線，而南匈奴則成為晉時五胡之一。

歷史上所用「西域」二字，其範圍廣狹，時有不同。最初，「西域」係指今天山南路，所謂「南北有大山，中央有河，東則接漢，阨以玉門、陽關，西則限以蔥嶺」也。漢時，分為小國三十六，其種有塞，有氐羌。大抵塞種多居國，氐羌多行國。從河西四郡開後，而漢與西域交通之孔道始開。其當南北兩道的樓蘭、車師先被中國所征服，後來漢武帝又出兵，遠征大宛，於是西域諸國皆震恐願臣。前 60 年，漢遂置西域都護，並護南北兩道。後來又置戊己校尉，屯田車師。莽末，西域反叛，匈奴乘機威服北道，而莎車王

賢亦稱霸南道。諸小國都叩玉門關，請遣子入侍，仰求中國保護，但光武帝恐勞費中國，不許。明帝時，班超以三十六人往使西域，因諸國之兵，定諸國之亂，到底克服西域，復屬於漢，直至後漢末年才絕。

羌人的居地，遍於今隴、蜀、西康、青海之境，而其居河、湟之間的，最為強悍。漢武帝時，漢軍把它打破，並於此處置護羌校尉統領它。王莽時，以其地置西海郡。莽末，羌乘隙內侵。後漢時，朝廷屢次發兵討伐它。至和帝時，遂復置西海郡，並夾河開列屯田，以絕其患。此後降羌散居內地，雖然曾復起為患，然而河、湟之域，則已納入中國的版圖了。

東胡大約是古代的山戎，漢初居地在滿、蒙之間。自為匈奴所破，乃遁保烏桓、鮮卑二山。漢武帝招致烏桓，令處上谷、右北平、漁陽、遼西、遼東五郡塞外，助漢捍禦匈奴。雖亦時有小寇，大體上總是臣服於中國的。鮮卑居烏桓之北，後漢時，北匈奴西徙後，其地及餘眾均為鮮卑所有，因此其勢大張。其大人檀石槐，轄境之廣，竟與匈奴盛時相彷彿。然檀石槐死後，缺乏統一的共主，聲勢復衰。烏桓的部落亦頗有強盛的，後漢末年，他們都和袁紹相連結。袁氏敗後，曹操大破之於柳城，自此烏桓之名不復見於史。而鮮

第三章　秦漢的武力

卑至晉時，亦為五胡之一。

　　朝鮮是殷時箕子之後，其初封地難考，大約自燕開遼東、西後，遂居今朝鮮境內，和中國以水為界。秦時，秦廷侵奪其地，國界退至水以東。漢初復還舊境，其時燕人衛滿走出塞，請居秦所侵水以東之地。朝鮮王許之，滿遂發兵襲滅朝鮮。傳子至孫右渠，以西元前 108 年為漢武帝所滅。以其地為四郡。其南之馬韓、弁韓、辰韓，總稱為三韓，亦都臣服於漢。朝鮮雖係箕子之後，然其人民則多係貊族，目前貊族尚有居遼東之北的。漢武帝時，其君南閭等來降，曾以其地置蒼海郡，數年而罷。後漢時，今農安地方有扶餘國來通貢，大約就是南閭之族。扶餘至西晉時，才為鮮卑慕容氏所滅，而其眾在半島內的，卻建立高句麗、百濟兩國。扶餘之東又有肅慎，地在今松花江流域，這就是滿族之祖，大約亦是燕開五郡時，被逼逐到此的，後漢時稱其為挹婁。因為臣服扶餘，和中國無大交涉。

　　南方一帶，秦時所開的桂林、南海、象郡，在秦亡時，龍川令趙佗據之自立，是為南越。而勾踐之後無諸及搖，亦以率兵助諸侯滅秦故，在漢初無諸被封為閩越王，搖為東甌王。武帝時，閩越和東甌相攻擊，武帝發兵滅閩越，徙東甌於江、淮間，乘勢遂滅南越。所謂西南夷，則當分為兩派：

153

夜郎、滇及邛都等，為今之倮儸。他們椎結，耕田，有邑聚。其巂、昆明及徙、筰都、冉駹、白馬等，則均係氐、羌。武帝亦皆闢其地為郡縣。

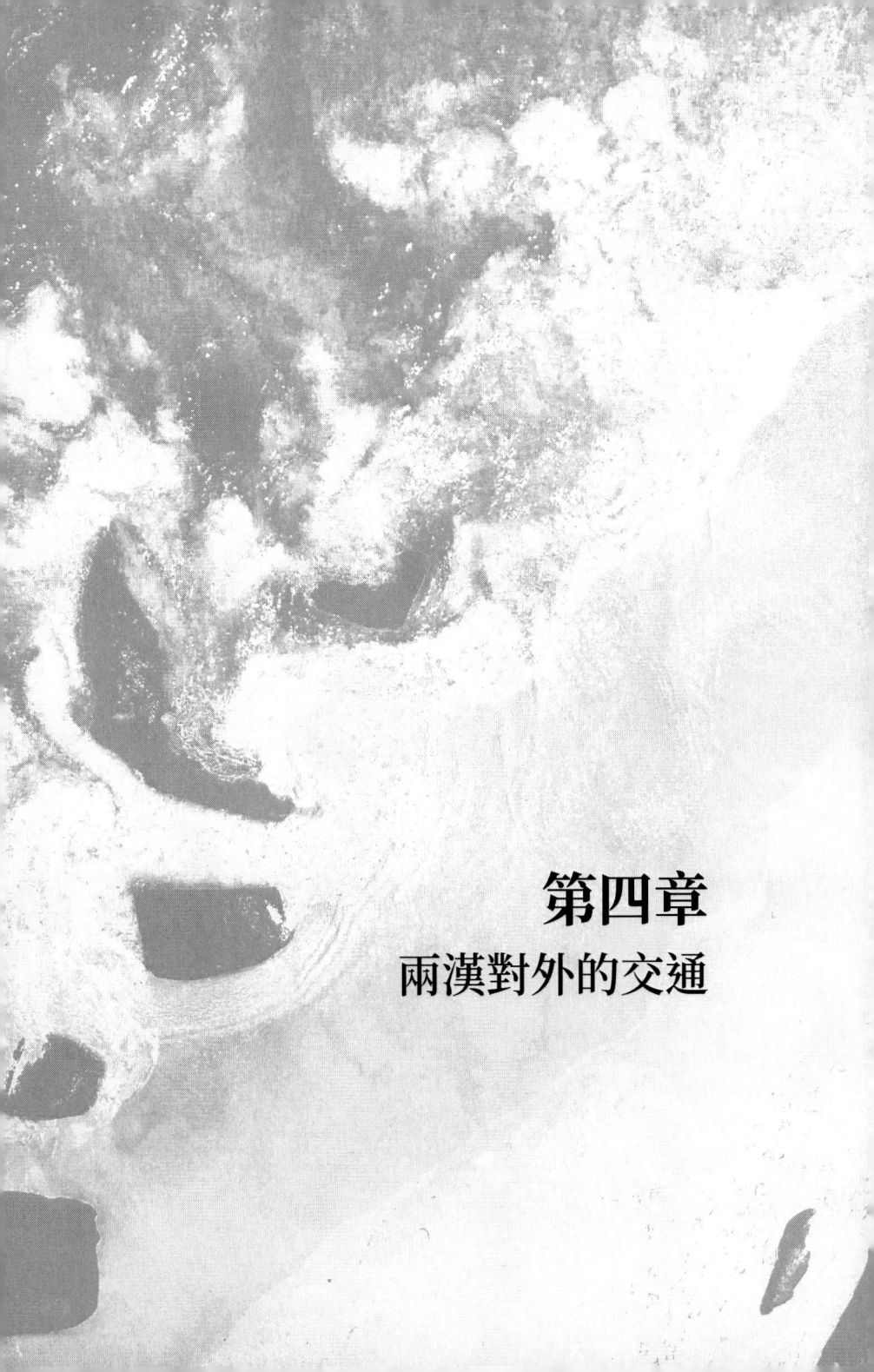

第四章
兩漢對外的交通

中國人是以閉關自守著聞的。世界打成一片，是近代西洋人的事業，然則中國人在這方面的能力，是不及西人了。閉關自守，是從政治言之，至於國民，則初未嘗有此傾向。中國未能和世界打成一片，蓋因前此未嘗有近代的利器，又因其社會組織與今不同，所以彼此交通不能像現代這樣密接。至於中國人活動的能力，確是非常之強的。如若不信，請看中國對外的交通。

中國對外的交通由來很早，但古代的情況如何，書缺有間，所以只得從兩漢時代說起。兩漢時代的對外交通，又當分為海陸兩道。亞洲中央的帕米爾高原是東西洋歷史的界線，自此以東為東方人種活動的範圍，自此以西為西方人種活動的範圍，而天山和印度固斯山以北，地平形坦，實為兩種人接觸之地。當漢時，西方人種蹤跡最東的是烏孫，與月氏俱居祁連山北。自此以西，今伊犁河流域為塞種。又其西為大宛。其西北為康居。大宛之西，媯水流域為大夏。又其西為安息。更西為條支。在亞洲之西北部的為奄蔡。自此以西，便是歐洲的羅馬，當時所謂的大秦了。

漢通西域，是因月氏人引起的。漢初，月氏被匈奴所破，西走奪居塞種之地。後來烏孫又借兵匈奴，攻破月氏，於是月氏西南而走，擊服大夏。漢武帝想和月氏共攻匈奴，

第四章　兩漢對外的交通

便於西元前 122 年,遣張騫往使。是時河西未闢,騫取道匈奴,為其所留,久之,才逃到大宛。大宛為發譯傳導,經康居以至大月氏。但大月氏已得沃土,殊無報仇之心,張騫因此不得要領而歸。然而中國和西域的交通,卻自此開始了。當張騫在大夏時,曾見邛竹杖和蜀布,問從哪裡來,大夏人說,是本國賈人,往市之身毒。於是張騫說:「大夏在中國的西南一萬二千里,而身毒在大夏的東南數千里,該去蜀不遠了。」乃遣使從蜀去尋覓身毒。北出的被氐、筰所攔,南出的被巂、昆明所阻,目的沒有達到。不過,傳聞巂、昆明之西千餘里,有乘象之國,名曰滇越,「蜀賈奸出物者或至焉」。這滇越,該是今緬甸之地。可見,中、印間陸路的交通,在漢代雖然阻塞,而商人和印度半島,應是早有往還了。自漢通西域以後,亞洲諸國都有直接的交往。唯歐洲的大秦,則尚係得諸傳聞。後漢時,班超既定西域,遣部將甘英往使。甘英到條支,臨大海欲渡。安息西界船人對他說:「海水大,往來逢善風,三月乃得渡。若遇遲風,亦有二歲者。入海人皆齎三歲糧。海中善使人思土戀慕,數有死亡者。」英乃不渡而還。西元 166 年,大秦王安敦遣使自日南徼外獻象牙、犀角、玳瑁。《後漢書》說,這是大秦通中國之始。西元 226 年,又有大秦賈人來到交趾,交趾太守吳邈遂遣使送詣孫權,事見《梁書‧諸夷傳》。中、歐陸路相

接，而其初通，卻是走海道。「水性使人通，山性使人塞」，也由此可見一斑了。

海道的貿易，則盛於交廣一帶。西洋史上，說在漢代日南、交趾之地，是東西洋貿易的中樞。案《史記・貨殖列傳》說：「番禺為珠璣、玳瑁、果、布之湊。」番禺，便是現在廣東的首府；珠璣等物，都是後來通商的商品。在廣州的貿易，在當時也很發達了。

《漢書・地理志》說：「自日南障塞、徐聞、合浦船行，可五月，有都元國。又船行，可四月，有邑盧沒國。又船行，可二十餘日，有諶離國。步行，可十餘日，有夫甘都盧國。自夫甘都盧國船行，可二月餘，有黃支國。自武帝以來，皆獻見，有譯長，屬黃門。與應募者俱入海，市明珠、璧流離、奇石、異物……黃支之南，有已程不國。漢之譯使，自此還矣。」徐聞、合浦，都是現在廣東的縣，其餘國名不可悉考。而黃支，或雲即西印度的建志補羅。若然，則中、印的交通，在陸路雖然阻塞，而在海道，又久有使譯往還了。又《山海經》一書，昔人視為荒唐之言，據近來的研究，則其中確實含有古代的外國地理。此書所載山川之名，皆及其所祀之神，大約是方士之書。其兼載海外諸國，則因當時方士都喜入海求神仙，所以有此記錄。雖所記不太真

第四章　兩漢對外的交通

確，然實非子虛烏有之談。據近來的研究，《山海經》所載的扶桑，便是現在的庫頁島，其他如三神山指日本，君子國指朝鮮，白民係在朝鮮境內的蝦夷，黑齒則黑龍江以南的魚皮韃子。又有背明國，則在今堪察加半島至白令海峽之間。果然則古代對東北，其航線所至，也不可謂之近了。

交通既啟，彼此的文明自然就有互相灌輸的。《漢書·西域傳》說，當時的西域人本來不大會制鐵，鐵器的製造都是中國人教他們的。這件事對於西域的開發大有關係。在中國方面，則葡萄、苜蓿、安石榴等，都自外國輸入。又有木棉來自南洋，後世稱為吉貝或古貝，在古時則稱為橦。《蜀都賦》「布有橦華」，就是此物，而《史記·貨殖列傳》所謂「珠璣、玳瑁、果、布」之布，也想必就是棉織品了。又《說文》：「石之有光者，璧珋也，出西胡中。」此即《漢書》的「璧流離」，初係礦物，後來才變為製造品。此等物，於中國的工業也頗有關係。至於佛教的輸入，則其關係之大，更無待於言了。

第三卷　東漢篇／呂思勉

第五章

兩漢的學術

不論什麼事情，都有創業和守成的時代。創業時代，諸家並起，競向前途，開闢新路徑；到守成時代，就只是咀嚼，消化前人所已發明的東西了。兩漢時代的學術，正是如此。

當戰國時代，百家並起，而秦是用商鞅而強國，用李斯而得天下的。秦始皇又力主任法為治，這時候，法家之學，自然盛行。楚、漢紛爭之時，縱橫家頗為活躍。然而天下已定，其技即無所用之。不久，也就漸即消沉了。在漢初，最急切的要求，便是休養生息，黃老清靜無為之學，當然要見重於時。所以雖有一個叔孫通，制朝儀，定法律，然而只是個廟堂上的事，至於政治主義，則自蕭何、曹參，以至於文帝、景帝，都是一貫的。

但是在漢初，還有一個振興教化、改良風俗的要求。這種要求，也是君臣上下同感其必要的。漢人教化的手段，一種是設立庠序，改善民間的風俗。一種便是改正朔、易服色等。前者始終未能實行，後者則未免迂而不切於務，而且行起來多所勞費。所以漢文帝等都謙讓未遑。武帝是個好大喜功之主，什麼興辟雍、行巡守、封禪等，在他都是不憚勞費的。於是儒家之學，就於此時興起了。自秦人焚書以來，博士一官，在朝廷上，始終是學問家的根據地。武帝既聽董仲

第五章　兩漢的學術

舒的話，表彰六藝，罷黜百家。又聽公孫弘的話，專為通五經的博士置弟子。於是在教育、選舉兩途，儒家都占了優勝的位置。天下總是為學問而學問的人少，為利祿而學問的人多。於是「一經說至百萬言，大師眾至千餘人」，儒家之學遂臻於極盛了。

　　漢代儒家之學，後來又分為兩派：便是所謂今古文，為學術界上聚訟的一個問題。所謂今古文者，今文便是秦以後通行的隸書，古文則指前此的篆書。古人學問，多由口耳相傳，不必皆有書本。漢初經師，亦係如此。及其著之竹帛，自然即用當時通行的文字。這本是自然之理，無待於言，也不必別立名目的。然而後來，又有一派人，說前此經師所傳的書有缺誤。問其何以知之？他說：別有古書為據。古書自然是古字寫的。人家稱這一派為古文家，就稱前此的經師為今文家。所以今文之名，是古文既興之後才有的。話雖如此說，然而古文家自稱多得到的書，現在都沒有了。其所傳的經，文字和今文家所傳的，相異者極少，且多與意義無關。所以今古文的異同，實不在文字上而在經說上。所謂經說，則今文家大略相一致；而古文則諸家之中，自有違異的。大約今文家所守的是先師相傳之說；古文家則由逐漸研究所得，所以如此。

第三卷　東漢篇／呂思勉

西漢最早的經師,便是《史記‧儒林傳》所列八家,這都是今文。東漢分為十四博士。其中《春秋》和《穀梁》是古文。《易經》的京氏,也有古文的嫌疑。其餘亦都是今文。古文家說《書》有逸十六篇,但絕無師說,所以馬融、鄭玄等注《書經》,亦只以伏生所傳二十八篇為限。而逸十六篇,今亦已亡。禮有《逸禮》三十九篇,今亦無存。《春秋》有《左氏》,未得立。今古文之學,本來各守師傳,不相摻雜。到後漢末年,鄭玄出來,遍注群經。雖大體偏於古學,而於古文無所專主,都是本於己意,擇善而從。適會漢末之亂,學校廢絕,經學衰歇。前此專門之家多亡。鄭說幾於獨行。三國時,出了一個與鄭玄爭名的王肅。其學糅雜今古,亦與鄭同。而又喜造偽書。造作《偽古今文尚書》和《偽孔安國傳》、《孔子家語》、《孔叢子》等,託於孔子之言以自重。於是今古文之別混淆。後人欲借其分別,以考見古代學術真相的,不得不重勞考證,而分別真偽,也成為一個問題。

學術之興替,總是因於時勢的。在漢代,儒學雖然強盛,然而在後漢時,貴戚專權,政治腐敗,實有講「督責之術」的必要。所以像王符、仲長統、崔寔等一班人,其思想頗近於法家。後來魏武帝、諸葛亮,也都是用法家之學致治的。在思想上,則有王充,著《論衡》一書,極能破除迷信

第五章　兩漢的學術

和駁斥世俗的議論卻不談政治。這是其所研究的對象有異。至其論事的精神，則仍是法家綜核名實的方法，不過推而廣之，及於政治以外罷了。

在漢代，史學頗為發達。古代史官所記，可分為記事、記言兩體。現今所傳的《尚書》是記言體，《春秋》是記事體。又有一種《帝系》及《世本》，專記天子、諸侯、卿大夫的世系的，這大約是《周官·小史》所職。《左氏》、《國語》，大約是《尚書》的支流餘裔。此外便是私家的記錄和民間的傳說了。在當時，是只有國別史，而沒有世界史；只有片段記載，而沒有貫串古今的通史的。孔子因《魯史》修《春秋》，兼及各國的事，似乎又世界史的規模，然而仍只限於一個時代。到漢時，司馬談、遷父子，才合古今的史料，而著成《太史公書》，分本紀、世家、列傳、書、表五體。後人去其世家，而改書之名為志，所以稱此體的歷史，為「表志紀傳體」。班固便是用此體以修《漢書》的。但其所載，以前漢一朝為限，於是「通史體」變為「斷代體」了。兼詳制度和一人的始末，自以表志紀傳體為佳；而通覽一時代的大勢，則實以編年體為便。所以後漢末年，又有荀悅因班固之書而作《漢紀》。從此以後，編年和表志紀傳兩體，頗有並稱正史的趨勢。

文學，在古代本是韻文先發達的。春秋戰國時，可稱為散文發達的時代。秦及漢初，還繼續著這個趨勢。其時如賈、晁、董、司馬、匡、劉等，都以散文見長。司馬相如、東方朔、枚皋等，則別擅長於詞賦。西漢末年，做文章的，漸求句調的整齊、詞類的美麗，遂開東漢以後駢文的先聲。詩則古代三百篇，本可入樂。漢代雅樂漸亡，而吟誦的聲調亦變。於是四言改為五言。而武帝立新聲樂府，採趙、代、秦之謳，命李延年協其律，司馬相如等為之辭。其後文學家亦有按其音調，製成作品的，於是又開出樂府一體。

第六章
佛教和道教

在中國社會上,向來以儒、釋、道並稱為三教。儒本是一種學術,因在上者中竭力提倡,信從者眾多,才略帶宗教的權威。道則是方士的變相,後來雖模倣佛教,實非其本來面目。儒、道二者都可說是中國所固有,只有佛教是外來的。

佛教的輸入,據《魏書·釋老志》,可分為三個階段:第一階段,匈奴渾邪王之降,中國得其金人,為佛教流通之漸。第二階段,哀帝元壽元年,即西元前 2 年,博士弟子秦景憲受大月氏使伊存口授浮屠經。第三階段,後漢明帝夢見金人,以問群臣,傅毅以佛對。於是遣郎中蔡愔和秦景憲使西域。此二人帶著兩個和尚和佛教的經典東歸。乃建寺於洛陽,名之為白馬。案金人乃西域人所奉祀的天神,不必定是佛像。博士弟子從一外國使者口授經典,也是無甚關係的。但帝王遣使迎奉,歸而建寺,其關係卻重大了。所以向來都說,是在漢明帝時,佛法始入中國。然而楚王英乃明帝之兄,《後漢書》已說其為浮屠齋戒祭祀。明帝永平八年,即西元 65 年,詔天下死罪,皆入縑贖,英亦遣使奉縑詣國相。詔報曰:「楚王誦黃老之微言,尚浮屠之仁慈,潔齋三日,與神為誓,何嫌何疑,當有悔吝。其還贖,以助伊蒲塞,桑門之盛饌。」當明帝時,楚王業已如此信奉,因此佛教的輸入,必遠在明帝以前。梁啟超的《佛教之初輸入》,

第六章　佛教和道教

考得明帝夢見金人之說，出於王浮的《老子化胡經》，浮乃一妖妄道士，其說殊不足信。然則佛教之輸入，恐尚較耶穌紀元時為早。大約在中國和西域有交通之後，佛教隨時有輸入的可能，只是在現在，還沒有正確的史實可考。這時候輸入的佛教，大約連小乘都夠不上，所以和當時所謂黃老者關係很密。黃老，本亦是一種學術之稱，指黃帝、老子之言，即九流中道家之學。但是此時的黃老，則並非如此。《後漢書・陳愍王寵傳》說，國相師遷追奏前相魏愔，與寵共祭天神，希冀非幸，罪至不道。而魏愔則奏與「王共祭黃老君，求長生福而已，無他冀幸」。此所謂黃老君，正是楚王英所奉的黃老。又《桓帝紀》載：「延熹九年，祠黃老於濯龍宮。」而《襄楷傳》載，楷上書桓帝，說「聞宮中立黃老、浮屠之祠」，可見桓帝亦是二者並奉的。再看《皇甫嵩傳》，說張角奉祠黃老道。《三國志・張魯傳》注引《典略》，說張修之法略與張角同，又說張修使人為奸令祭酒，主以《老子》五千文使都習，則此時所謂黃老，其內容如何，就可想而知了。

　　黃老為什麼會變成一種迷信，而且和浮屠發生關係呢？原來張角、張修之徒，本是方士的流亞。所謂方士，起源甚早。當戰國時，齊威、宣二王以及燕昭王，就已經迷信它了。後來秦始皇、漢武帝，對此迷信更甚。方士的宗旨，在求長生，而其說則託之黃帝，這個讀《史記・封禪書》、

《漢書‧郊祀志》可見。不死本是人之所欲，所以「世主皆甘心焉」。然而天下事真只是真，假只是假。求三神山、煉奇藥，安有效驗可睹？到後來，漢武帝也明白了，喟然而嘆曰：「世安有神仙。」至此，《史記》所謂「怪迂之士」、「阿諛苟合」之技，就無所用之了，於是方士轉而蠱惑愚民，這就是後來張角、張修等一派。黃老之餘波，則蔓衍於諸侯王之間，楚王和陳王所信奉的，大約就是它了。秦皇、漢武求神仙的活動勞費很大，斷不是諸侯之國所能供給得起的，於是黃老信徒將尋三神山、築宮館、煉奇藥等事一概置諸不提，而專致力於祠祭。在民間，則連這些都不必，其所求者，不過五斗米。神仙家，是將《漢志》和醫經經方同列於方技之中的。黃老信眾所宣傳的不死之藥雖是騙人，但醫學他們大概是有些懂得的，更加上一個符水治病，於是當社會騷擾、人心不安定之時，黃老之道的誘惑力，自然就大到「匪夷所思」了。

佛教初輸入時，或只輸入其儀式，而未曾輸入其教義，或更與西域別種宗教夾雜，迷信的色彩很深。所以佛教與黃老兩者的混合，甚為容易。

然則為什麼要拉著一個老子呢？這大約是因黃帝而波及的。黃帝這個人，在歷史上是個很大的偶像，不論什麼事，

第六章 佛教和道教

人們都依託他。然而黃帝是沒有著書的,依託之既久,或者因宗教的儀式上須有辭以資諷誦,或者在教義上須有古人之言以資附會,更因黃老兩字向來連稱,而黃老之學也向來算作一家言,所以勸迷信黃帝的人誦習《老子》,他一定易於領受。這就是張修所以使人誦習五千文的理由。楚王英誦黃老之微言,其所誦者,恐亦不外乎此。「久假而不歸,惡知其非有?」當初因黃帝而及老子,意雖在於利用其辭以資諷誦,但習之既久,難保自己不會受其感化。況且至魏晉之際,玄學盛行,《老子》變為社會上的流行品。所謂方士,雖然有一派像葛洪等,依然專心於修煉、符咒、服食,不講哲理;又有一派如孫恩等,專事煽惑愚民,不談學問;然而總有一派和士大夫接近,要想略借哲理,以自文飾的。最後這一類人所依附的,自然仍以《老子》為最便。於是所謂老子,就漸漸地取得了兩種身分:一是九流中道家之學的鉅子,一是所謂儒、釋、道三教中道教的教主。然而當時其在南方,仍不過是一個古代的哲學家,教主的資格還不十分完滿。直到西元四世紀中,魏太武帝因崔浩之言,把寇謙之迎接到洛陽,請他升壇作法,替他布告天下,然後所謂道教成為一種宗教,與儒、釋鼎足而三了。這怕是秦漢時的方士始料未及的。

第三卷　東漢篇／呂思勉

第七章
兩漢的社會

漢承秦之後，秦代則是緊接著戰國的。戰國時代，封建的勢力破壞未盡，而商業資本又已抬頭。在漢時，還是繼續著這個趨勢。

《史記・平準書》上，說漢武帝時的富庶，是：

> 非遇水旱之災，民則家給人足，都鄙廩庾皆滿，而府庫餘貨財。京師之錢累鉅萬，貫朽而不可校。太倉之粟，陳陳相因，充溢露積於外，至腐敗而不可食。眾庶街巷有馬，阡陌之間成群。乘字牝者，儐而不得聚會。守閭閻者食粱肉；為吏者長子孫；居官者以為姓號。故人人自愛而重犯法，先行誼而絀恥辱焉。

富庶如此，宜乎人人自樂其生了。然而又說：

> 網疏而民富，役財驕溢，或至兼併。

若果真家給人足，誰能兼併他人？又誰願受人的兼併？可見當時的富庶，只是財富總量有所增加，而其分配的不平均如故。所以漢代的人，提起當時的民生來，都是疾首蹙額。

這樣嚴重的社會問題懸而待決，於是釀成了新莽時的變亂。莽末亂後，地權或可暫時平均，因為有許多大地主業已喪失其土地了。然而經濟的組織不改，總是轉瞬便要回覆故態的。所以仲長統的《昌言》上又說：

第七章　兩漢的社會

　　井田之變，豪人貨殖，館舍布於州郡，田畝連於方國。豪人之室，連棟數百。膏田滿野，奴婢千群，徒附萬計。

　　船車賈販，周於四方。廢居積貯，滿於都城。

　　可見土地和資本，都為少數人所占有了。我們觀此，才知道後漢末年的大亂，除政治外，別有其深刻的原因。

　　漢去封建之世近，加以經濟上的不平等，所以奴婢之數極多，有官有私。官奴婢是犯罪沒入的，私奴婢則因貧而買賣。當時兩者之數皆甚多。卓王孫、程鄭，都是以此起家的。所以《史記‧貨殖列傳》說「童手指千」，則比千乘之家。甚而政府亦因以為利，如晁錯勸文帝募民入丁、奴婢贖罪，及輸奴婢以拜爵。武帝募民入奴，得以終身復，為郎者增秩。又遣官治郡國算緡之獄，得民奴婢以千萬數。前後漢之間，天下大亂，人民窮困，奴婢之數，更因之而增多。光武帝一朝，用極嚴的命令去免除。然而奴婢出現的原因不除去，究竟能收效幾何，也是很可疑的。

　　因去封建之世近，所以宗法和階級的思想，也很為濃厚。在漢代家庭中，父權很重。在倫理上，則很有以一孝字包括一切的觀念。漢儒說孔子「志在《春秋》，行在《孝經》」，在諸經之傳中，對於《孝經》和《論語》特別看重，就是這個道理。在政治上，則對於地方官吏，還沿襲封建時

代對於諸侯的觀念。服官州郡的,稱其官署為本朝。長官死,僚屬都為之持服。曹操、張超的爭執,在我們看來,不過是軍閥的相爭;而臧洪因袁紹不肯救張超,至於舉兵相抗,終以身殉,當時的人,都同聲稱其為義士。然而漢朝人也有漢朝人的好處。因其去古近,所以有封建時代之士風,一種慷慨之氣。後世人的唯利是視,全都化成漢人所謂商賈者不同。漢代之士,讓爵讓產的極多,這便是封建時代裡輕財仗義的美德。

其人大抵重名而輕利,好為奇節高行。後漢時代的黨錮,便是因此釀成的。至於武士,尤有慷慨殉國之風。司馬相如說,當時北邊的武士「聞烽舉燧燔」,都「攝弓而馳,荷戈而走,流汗相屬,唯恐居後」。這或許是激勵巴蜀人過當的話,然而當時的武士,那種奮不顧身的氣概,確是有的。我們只要看前漢的李廣恂恂得士,終身無他嗜好,只以較射赴敵為樂,到垂老,仍慷慨,願身當單于。其孫李陵,更能「事親孝,與士信,臨財廉,取與義。分別有讓,恭儉下人。常思奮不顧身,以徇國家之急」。司馬遷說他有「國士之風」,真個不愧。他手下的士卒五千,能以步行絕漠,亦是從古所無之事。這都由於這些「荊楚勇士,奇材劍客」素質佳良而然。當時不論南北人民,都有尚武的風氣,所以後漢時,班超能以三十六人立功絕域。一個英雄的顯名,總

第七章 兩漢的社會

借無數無名英雄的襯托。我們觀漢代的往事,真不能不神往了。

漢代因武士的風氣還在,所以游俠也特盛。游俠,大約是封建時代的「士」。封建制度被破壞後,士之性質近乎文的則為儒,近乎武的則為俠。孔子設教,大約是就儒之社會,加以感化;墨子設教,則是就俠的徒黨,加以改良。所以古人常以儒墨並稱,亦以儒俠對舉。墨者的教義,是捨身救世,以自苦為極的。這種教義固然很好,然而絕非大多數人所能行,所以距墨子稍遠,而其風即衰息。《游俠列傳》所謂俠者,則「已諾必誠;不愛其軀,以赴士之阨困;既已存亡死生矣,而不矜其能,羞伐其德」,仍回覆其武士的氣概。然而生活總是最緊要的問題。此等武士,在生產上總是落伍的,既已連群結黨,成為一種勢力,自不免要藉此以謀生活,於是就有了司馬遷所謂的「盜蹠之居民間者」。仁俠之風漸衰,政治上就不免要加以懲艾,人民對他亦不免會有惡感。於是後起的俠者,就不免漸漸地軟化了。

第三卷　東漢篇／呂思勉

附錄 上

東漢的建立及其開國規模／張蔭麟

新朝倒塌後,革命勢力的分化和衝突、乘時割據者的起仆、一切大規模和小規模的屠殺和破壞,這裡都不暇陳述。總之,分裂和內戰持續了十四年,然後全中國統一於劉秀之手。

劉秀成就帝業的經過大致如下。他起初追隨其兄劉縯之後。昆陽之戰後不久,劉縯被更始所殺。時秀統兵在外,聞訊立即馳往宛城,向更始謝罪,沿途有人弔唁,他只自引咎,不交一句私語。他沒有為劉服喪,飲食言笑一如平常,更始於是拜他為破虜大將軍,封武信侯。是年,更始入駐洛陽,即派他「行大司馬事」,去安撫黃河以北的州郡。當他渡河時,除了手持的麾節外,幾乎什麼實力也沒有。他收納了歸服的州郡,利用他們的兵力,去平定拒命的州郡。兩年之間,他不獨成了黃河以北的主人,並且還把勢力伸到黃河以南。在這期間,更始定都於長安,封他為蕭王。他的勢力一天天膨脹,更始開始懷疑他,便召他還京。他開始抗拒更

附錄　上

始的命令,並開始向更始旗下的將帥進攻了。最後在更始三年六月,當赤眉迫近長安,更始危在旦夕的時候,他即皇帝位於鄗南,改元建武,仍以漢為國號(史家稱劉秀以後的漢朝為後漢或東漢,而別稱劉秀以前的漢朝為西漢)。

先時,有一位儒生從關中帶交他一卷「天書」,上面寫著:

劉秀發兵捕不道,四夷雲集龍鬥野,四七之際火為主。

是年,赤眉入長安,更始降。接著,劉秀定都於洛陽。十二月,更始被赤眉所殺。赤眉到了建武三年春完全為劉秀所平定,至是,前漢疆域未歸他統治的,只有相當於今甘肅、四川的全部和河北、山東、江蘇的各一部分而已。這些版圖缺角的補足,是他以後十年間綽有餘裕的事業。

劉秀本是一個沒有多大夢想的人。他少年雖曾遊學京師,稍習經典,但他公開的願望只是:

作官當作執金吾,娶妻當娶陰麗華。

執金吾彷彿京城的警察廳長,是朝中的第三四等的官吏。陰麗華是南陽富家女,著名的美人,在劉秀起兵的次年,便成了他的妻室。他的起兵並不是抱著什麼政治的理想,而做了皇帝以後,他心目中最大的政治問題似乎也只

是怎樣鞏固自己和子孫的權位而已,他在制度上的少數變革都是朝著這個方向的。他的變革舉措如下:第一是中央官制的變革。在西漢初期,中央最高的官吏是輔佐君主總理庶政的丞相、掌軍政的太尉、掌監察的御史大夫,這三人共為三公。武帝廢太尉設大司馬,例由最高的統兵官員「大將軍」兼之。成帝把御史大夫改名為大司空,哀帝又以把丞相改名為大司徒。在西漢末期,專政的外戚例居大司馬大將軍之位,而大司徒遂形同虛設了。劉秀把大司徒、大司空的「大」字去掉,把大司馬複稱太尉,不讓大將軍兼領。同時他「慍數世之失權,忿強臣之竊命,矯枉過直,政不任下,雖置三公,備員而已」(東漢人仲長統語)。他把三公的主要職事移到了本來替皇帝掌管文書出納的尚書台。在官職的等級上,尚書台的地位是很低的,它的長官尚書令祿只千石,而三公祿各萬石。劉秀以為如此則有位的無權,有權的無位,就可以杜絕臣下作威作福了。第二是地方官制的變革。西漢末年,刺史改稱為州牧,秩祿從六百石增到二千石,但是職權並沒有改變。州牧沒有一定的治所,每年周行所屬郡國,年終親赴京師陳奏。他若有所參劾,奏上之後,皇帝會把案情發下三公,由三公派員去按驗,然後決定黜罰。劉秀定制,州牧複稱刺史,有固定治所,年終遣吏入奏,不用親赴京師,他的參劾也不再經三公按驗,而是直接聽候皇帝定

附錄　上

奪。這一來,三公的權減削而刺史的權提高了。第三是兵制的變革。劉秀在建武七年三月下了一道重要的詔令:

今國有眾軍並多精勇,宜罷輕車、騎士、材官、樓船。

這道詔令的意義,東漢末名儒應劭(曾任泰山太守)解釋道:

(西漢)高祖命天下郡國選能引關蹶張、材力武猛者,以為輕車、騎士、材官、樓船。常以立秋後,講肄課,試,各有員數。平地用(輕)車、騎(士),山阻用材官,水泉用樓船。……今悉罷之。

這道詔令使得此後東漢的人民雖有服兵役的義務,卻沒有受軍事訓練的機會了。應劭又論及這變革的影響道:

自郡國罷材官、騎士之後,官無警備,實啟寇心。一方有難,三面救之,發興雷震。……黔首囂然,不及講其射御……一旦驅之以即強敵,猶鳩鵲捕鷹鸇,豚羊弋豺虎。是以每戰常負。……爾乃遠征三邊,殊俗之兵,非我族類,忿鷙縱橫,多僵良善,以為己功,財貨糞土。哀夫!民氓遷流之咎,見出在茲。「不教民戰,是為棄之。」跡其禍敗,豈虛也哉!

這段是說因為郡國兵不中用,邊疆有事,每倚靠傭傭的外籍兵即所謂胡兵;而胡兵凶暴,蹂躪邊民,又需索犒賞,

費用浩繁。應劭還沒有說到他所及見的一事：後來推翻漢朝的董卓就是胡兵的領袖，憑藉胡兵而起的。

郡國材官、騎士等之罷，劉秀在詔書裡明說的理由是中央軍隊已夠強眾，用不著他們。這顯然不是真正的理由。在徵兵制度之下，為國家的安全計，精強的兵士豈會有嫌多的？劉秀的變革無非以強幹弱枝，預防反側罷了。郡國練兵可以為叛亂的資藉，這一點他是親自體會到的。他和劉當初起兵，本是想藉著立秋後本郡「都試」──即壯丁齊集受訓的機會，以便號召，但因計謀洩漏而提早發難。當他作上說的詔令時，這件故事豈能不在他心頭？

附錄　上

附錄　下

秦之統一及其政策／呂思勉

　　誰都知道,統一是始於秦的。其實統一是逐漸進行的。然而統一的完成,確在西元前 221 年,即秦王政的二十六年。積世渴望的統一,到此告成,措置上自然該有一番新氣象。

　　秦王政統一之後,他所行的第一事,便是改定有天下者之號,稱為皇帝。命為制,令為詔。而且說古代的諡,是:「子議父,臣議君也,甚無謂,朕弗取焉。」於是除去諡法,自稱為始皇帝。後世則以數計,如二世、三世等。

　　郡縣之制,早推行於春秋戰國之世。始皇並天下後,索性加以整齊,定為以郡統縣之制。分天下為三十六郡。每郡都置守、尉、監三種官。

　　始皇又收天下之兵器,都聚之於咸陽。把它銷掉,鑄作鍾和十二個金人。

　　當時有個僕射周青臣,恭維始皇的功德。又有個博士淳于越,說他是面諛,說郡縣制度不及封建制度。始皇下其

附錄　下

議。丞相李斯因此說:「諸生不師今而學古,以非當世,惑亂黔首。」又說:「人聞令下,則各以其學議之。」「如此弗禁,則主勢降乎上,黨與成乎下。」於是擬定一個燒書的辦法,是:

(一) 史官非秦記皆燒之。

(二) 非博士官所職,天下有敢藏詩、書、百家語者,悉詣守尉雜燒之。

(三) 有敢偶語詩書棄市。以古非今者族。吏見知不舉者與同罪。令下三十日不燒,黥為城旦。

(四) 所不去者,醫藥、卜筮、種樹之書。若有欲學——法令——以吏為師。

焚書的理由,早見《管子‧法禁》和《韓非子‧問辯》兩篇。這是法家向來的主張。始皇、李斯不過是實行它罷了。法家此等主張,在後世看來,自然是極愚笨。然而在古代,本來是「政教合一,官師不分」的。「尊私學而相與非法教」,不過是東周以後的事。始皇、李斯此舉,也不過想回復古代的狀況罷了。

至於坑儒,則純然是另一回事。此事的起因,由於始皇相信神仙,招致了一班方士,替他煉奇藥,帶著童男女入海求神仙。後來方士盧生和侯生,私議始皇,因而逃去。

始皇大怒，說：「吾收天下書不中用者盡去之。悉召文學、方術士，欲以致太平，求奇藥。如今毫無效驗，反而誹謗我。」於是派御史去按問。諸生互相告引，因而被坑的遂有四百六十餘人。這件事雖然暴虐，卻和學術思想是無關係的。

還有一件事，則和學術界關係略大。中國文字的起源，已見前編第二章。漢代許慎作《說文解字序》，把漢以前的文字，分作五種：（一）古文；（二）大篆；（三）小篆；（四）隸書；（五）草書。他把周宣王以前的文字，總稱為古文。說周宣王時，太史籀作大篆十五篇，與古文或異。又說：「七國之世，言語異聲，文字異形。秦並天下，丞相李斯乃奏同之，罷其不與秦文合者。李斯作《倉頡篇》，中車府令趙高作《爰歷篇》，太史令胡毋敬作《博學篇》。皆取史籀大篆，或頗省改。」這是小篆。又說：此時「官獄職務繁，初有隸書，以趨約易，而古文由此絕矣」。案七國之世，所謂言語異聲，大約是各處方言音讀之不同。至於文字異形，則（一）者是字形的變遷。（二）者，此時事務日繁，學術發達，舊有之字不足於用，自然要另造新字。所造的字，自然彼此不相關會了。秦朝的同文字，是大體以史籀的大篆為標準，而廢六國新造的字。這件事，恐亦未必能辦到十分。然而六國的文字，多少總受些影響。所謂「古文由此絕」，這

附錄　下

古文兩字,實在是連六國文字不與秦文合的部分都包括在內的。漢興以後,通用隸書。秦朝所存留的字,因為史籀、李斯、趙高、胡毋敬等所作字書還在,所以還可考查。此等已廢的文字,卻無人再去留意。所以至漢時,所謂古文,便非盡人所能通曉了。

　　當始皇之世,是統一之初,六國的遺民本來不服。而此時也無治統一之世的經驗,不知天下安定,在於多數人有以自樂其生,以為只要一味高壓,就可以為所欲為了。於是專用嚴刑峻法。而又南併南越,北攘匈奴,築長城。還要大營宮室,歲歲巡遊。人民既困於賦役,又迫於威刑,亂源早已潛伏。不過畏懼始皇的威嚴,莫敢先發罷了。西元前210年,始皇東遊,還至平原津而病,後崩於沙丘。始皇長子扶蘇,因諫坑儒生,被謫,監蒙恬軍於上郡。少子胡亥和始皇叫他教胡亥決獄的趙高從行。於是趙高為胡亥遊說李斯矯詔,殺扶蘇和蒙恬。祕喪,還至咸陽,即位,是為二世皇帝。而揭竿斬木之禍,便隨之而起了。

秦漢之際／呂思勉

　　秦二世元年,便是西元前209年,戍卒陳勝、吳廣因為遣戍漁陽,自度失期當死,起兵於蘄。北取陳。勝自立為楚王。於是六國之後聞風俱起。

魏人張耳、陳餘，立趙歇為趙王。周市立魏公子咎為魏王。燕人韓廣，自立為楚王。齊王族田儋，自立為齊王。

　　時二世葬始皇於驪山，工程極其浩大，工作的有七十萬人。二世聽了趙高的話，把李斯殺掉。以為山東盜是無能為的。後來陳勝的先鋒兵打到戲地，才大驚，赦驪山徒，命少府章邯，帶著出去征討。這時候，秦朝政事雖亂，兵力還強，山東烏合之眾，自然不能抵敵。於是陳勝、吳廣先後敗死。章邯北擊魏，魏王咎自殺，齊王儋救魏，亦敗死。

　　先是楚將項燕之子梁和其兄子籍，起兵於吳。沛人劉邦，亦起兵於沛。項梁渡江後，因居鄹人范增的遊說，立楚懷王之後心於盱眙，仍稱為楚懷王。項梁引兵而北，其初連勝兩仗。後來亦為章邯所襲殺。於是章邯以為楚地兵不足憂，北圍趙王於鉅鹿。

　　楚懷王派宋義、項籍、范增北救趙，劉邦西入關。宋義至安陽，逗留四十六日不進。項籍矯懷王命殺之。引兵北渡河，大破秦兵於鉅鹿下。章邯因趙高的猜疑，就投降了項籍。先是韓人張良，因其先五世相韓，嘗散家財，募死士，狙擊秦始皇於博浪沙中，想為韓報仇。及項梁起兵，張良遊說他，勸他立韓國的公子成為韓王。劉邦因張良以略韓地，遂入武關。趙高弒二世，立公子嬰，想和諸侯講和，保守關

附錄　下

中，仍回復其列國時代之舊。子嬰又刺殺趙高。而劉邦的兵，已到霸上了。子嬰只得投降，秦朝就此滅亡。時為西元前 206 年。

項籍既降章邯，引兵入關。劉邦業已先入，遣兵將關把守了。項籍大怒，把他打破。這時候，項籍兵四十萬，在鴻門。劉邦兵十萬，在霸上。項籍要打劉邦，其族人項伯和張良要好，到劉邦軍中，勸良同走。劉邦因此請項伯向項籍解釋，自己又親去謝罪，一場風波，才算消弭。

這時候，封建思想還未破除。亡秦之後，自然沒有推一個人做皇帝之理。於是便要分封，當封的，自然是（一）前此六國之後；（二）亡秦有功之人。而分封之權，自然是出於眾諸侯的會議，能操縱這會議的，自然是當時實力最強的人。於是項籍便和諸侯王議定分封的人，如下：

司馬欣	塞王	王咸陽以東，至河，都櫟陽（今陝西臨潼）	
董翳	翟王	王上郡，都高奴（今陝西膚施縣）	

魏王豹	西魏王	王河東，都平陽（今山西臨汾縣）	魏王咎的兄弟，咎死後，奔楚，楚立為魏王，此時徙西魏，漢王出關，豹降漢，漢復立為魏王，豹叛漢與楚，為韓信所虜
韓王成	韓王	都陽翟（今河南禹縣）	旋為楚所殺，立故吳令鄭昌為韓王
申陽	河南王	都洛陽	張耳嬖人
司馬卬	殷王	殷王故墟，都朝歌（今河南淇縣）	趙將
趙王歇	代王	都代（今河北蔚縣）	秦兵圍鉅鹿時，張耳在城內，陳餘在城外。圍解後，張耳怨陳餘不救，責讓他。陳餘發怒，將印交張耳，自去漁獵。因此未從諸侯入關，不得為王，因所居南皮（今河北南皮縣），封之三縣。餘怒，會田榮叛楚，餘請兵於榮，擊破張耳。耳奔漢。餘迎趙王歇還趙。歇封餘為代王，留為趙相。後張耳與韓信破趙。趙王歇被擒，餘被殺
張耳	常山王	趙王，都襄國（今河北郡臺縣）	

附錄　下

英布	九江王	都六（今安徽六安縣）	楚將，後叛楚降韓
吳芮	衡山王	都邾（今湖北黃岡縣）	秦鄱陽令起兵，從諸侯入關
共敖	臨江王	都江陵（今湖北江陵縣）	為帝柱國，子尉，為漢所虜
燕王廣	遼東王	都無終（今河北薊縣）	為臧荼所殺
臧荼	燕王	都薊（今河北北平縣）	燕將，漢高祖得天下，謀反，被殺
齊王市	膠東王	都即墨（今山東即墨縣）	田儋的兒子。儋死後，其兄弟榮立他做齊王。至是，徙膠東。榮發兵距殺田都，留市於齊。市逃往膠東。田榮怒，發兵追殺市。時彭城有眾萬餘人，在鉅野（今山東鉅野縣），無所屬。榮與以將軍印，使擊殺濟北王安。榮遂併王三齊（齊、膠東、濟北）。後為項羽所殺。田榮的兄弟橫，又立田榮的兒子廣。為漢韓信所虜。橫逃入海島。漢高祖定天下後，召之，未至洛陽，自殺

| 田都 | 齊王 | 都臨淄（今山東臨淄縣） | |
| 田安 | 濟北王 | 都博陽（今山東泰安縣） | |

當楚懷王遣將時，曾說：先入關中者王之。照這句話，此時當王關中者為劉邦。然而項籍受章邯之降時，已將秦地分章邯等三人了。這大約是所以撫慰降將之心，減少其抵抗力的。其時劉邦能先入關，原是意想不到的事。這時候不便反悔，於是說：（一）懷王不能主約；（二）巴、蜀、漢中，亦是關中之地，就把劉邦封為漢王。這也不能說不是一種解釋。然而龍爭虎鬥之際，只要有辭可借，便要藉口的，哪管得合理不合理？

項籍尊楚懷王為義帝，而自稱霸王。照春秋戰國的習慣，天子原是不管事的，管理諸侯之權，在於霸主。這時候，天下有變，自然責在項籍。於是因田榮的反叛，出兵征討。漢王乘機便說：項籍分封不平，以韓信為大將，北定三秦又破韓、河南、西魏、殷四國。併塞、翟、韓、殷、魏之兵五十六萬人東伐楚。居然攻入楚國的都城，項籍聞之，以精兵三萬人，從胡陵還擊，大破漢兵。漢王脫身逃走。然而

附錄　下

漢王有蕭何，守關中以給軍食。堅守滎陽、成皋以拒楚。而使韓信北定趙、代，轉而東南破齊。而項籍的後方，為彭越所擾亂，兵少食盡。相持數年，楚兵勢漸絀。乃與漢約，以鴻溝為界，中分天下。漢王背約追楚，圍項籍於垓下。項籍突圍而走，至烏江，自刎死，於是天下又統一了。時為西元前202年。

前漢的政治／呂思勉

前漢凡二百一十年，在政治上，可以分作四期：

第一期：高祖初定天下。這時候，還沿著封建思想，有功之臣，與高祖同定天下的，其勢不得不封。而心上又猜忌他。於是高祖聽婁敬的話，徙都關中，想借形勝以自固。又大封同姓之國，以為屏藩。這時候，異姓王者八國，除長沙外，多旋就滅亡。同姓王者九國，都跨郡三四，連城數十，遂成為異日的亂源。高祖開國之後，是外任宗室、內任外戚的。所以呂后在其時，很有威權。高祖死後，惠帝柔弱，政權遂入於呂后之手。先是高祖刑白馬與諸侯盟說：「非劉氏而王者，天下共擊之。」惠帝死後，呂后臨朝，就分封諸呂。又使呂祿、呂產統帶守衛京城和宮城的南北軍。呂后死後，齊哀王起兵於外。諸呂使灌嬰擊之。灌嬰陰與齊王聯合，頓兵不進。漢朝的大臣因此勸諸呂罷兵就國，諸呂猶豫

不決。而太尉周勃乘隙突入北軍,和齊王的兄弟朱虛侯章等,攻殺諸呂。殺掉太后所立的少帝和常山王弘,而迎立文帝。於是漢初握權的外戚被打倒,而晨星寥落的功臣,自此以後也逐漸凋零。特殊勢力只有因私天下之心所封建的宗室了。

當漢初,承春秋戰國以來五百餘年的長期戰爭,加以秦代的暴虐,秦、漢之際的擾亂,天下所渴望的是休養生息。而休養生息之治,只有清靜不擾的政策最為相宜。漢初已有這個趨勢。文、景二代的政治,尤能應這要求,所以社會上頓呈富庶之象。這時候,內而諸侯之尾大不掉,外而匈奴之時來侵犯,都是個急待解決的問題。文帝也一味姑息,明知吳王濞有反謀,卻賜之幾杖以安之。匈奴屢次入寇,也只是發兵防之而已。到後來,封建的問題,到底因吳楚七國之亂而解決。而對外的問題,則直留待武帝時。至於制民之產和振興文化,則文、景二代,更其謙讓未遑了。要而言之:這一期,是以休養生息為主,可稱西漢政治的第二期。

第三期是武帝。武帝是個雄才大略之主,很想內興文治,外耀武功。於是立五經博士,表章六藝,罷黜百家。又北伐匈奴,西通西域,南平閩越、南越,東北併朝鮮,西南開西南夷。一時武功文治,赫然可觀。然而武帝也和秦始皇

附錄　下

一樣，信方士，營宮室，又時出巡幸。財用不足，乃用孔僅、桑弘羊等言利之臣，又用張湯等酷吏，遂致民愁盜起，幾乎釀成大亂。末年雖然追悔，天下元氣業已大受其傷了。武帝的太子據，因「巫蠱之禍」而死。晚年，婕妤趙氏生昭帝，武帝恐身後嗣君年少，母后專權，殺婕妤，然後立昭帝為太子。武帝崩，昭帝立。霍光、上官桀等同受遺詔輔政。武帝長子燕王旦和上官桀、桑弘羊等謀反，被霍光所殺。昭帝崩，無子。霍光迎立武帝孫昌邑王賀。百日，廢之。迎立戾太子孫病已，是為宣帝。當霍光秉政時，頗務輕徭薄賦，與民休息。宣帝少居民間，知民疾苦。即位後，留心於刑獄及吏治，亦稱治安。自武帝末年至此，憔悴的人民又算稍獲休息。這是西漢政治的第三期。自元帝以後，則君主逐漸愚懦，更兼之短祚，外戚的威權日張，遂入於第四期了。

　　漢代去古未遠，宗法社會的思想，深入人心。人所視為可靠的，非宗室則外戚。漢初宗室，勢力太大，致釀成吳、楚七國之亂。亂後，宗室的勢力遂被打倒，而外戚則勢焰大張。元帝本是個柔仁好儒的人，然而暗於聽受，宦官弘恭、石顯專權，威權漸陷於不振。成帝很荒淫，委政於外家王氏。王鳳、王音、王商、王根，相繼為相，遂肇篡竊之勢。哀帝奪王氏之權，然所任的，亦不過外家丁氏和其祖母之族傅氏。哀帝死後，成帝的母親召用王莽。王莽本是抱負大

志，想得位以行其所抱負的。於是弒平帝，立孺子嬰，莽居攝踐阼。旋又稱假皇帝。而西漢之天下，遂移於新室了。時為西元 8 年。

新莽的改制／呂思勉

當秦漢之世，實有一從東周以降，懸而未決的社會問題。制民之產，在古代的政治家，本視為第一要事。「先富後教」，「有恆產而後有恆心」，民生問題不解決，政治和教化都是無從說起的。漢代的政治家還深知此義。「治天下不如安天下，安天下不如與天下安」，乃後世經驗多了，知道「天下大器」不可輕動，才有此等姑息的話。漢代的人，是無此思想的。多數的人對於社會現狀，都覺得痛心疾首。那麼，改革之成否，雖不可知，而改革之事，則終不可免，那是勢所必然了。然則漢代的社會，究竟是何情狀呢？

當時的富者階級，大略有二：（一）是大地主。董仲舒說他「田連阡陌；又專川澤之利，管山林之饒」，而貧者則「無立錐之地」。（二）是大工商家。晁錯說他「男不耕耘，女不蠶織，衣必文采，食必粱肉」、「因其富厚，交通王侯，力過吏勢」。因以兼併農人。封建勢力，未曾剷除，商業資本，又已興起。胼手胝足的小民，自然只好「衣牛馬之衣，食犬彘之食」了。

附錄　下

漢世救正之法，是減輕農民的租稅，至於三十而取一。然而私家的田租，卻十取其五。所以荀悅說：「公家之惠，優於三代，豪強之暴，酷於亡秦。」武帝時，董仲舒嘗提出「限民名田」之法，即是替占田的人，立一個最大的限制，不許超過。武帝未能行。哀帝時，師丹輔政。一切規制，業已擬定，又為貴戚所阻。至於法律上，賤視商人，「如賈人不得衣絲乘車」、「市井之子孫不得為宦吏」等，於其經濟勢力，不能絲毫有所減削。武帝時，桑弘羊建鹽鐵官賣和均輸之法，名以困富商大賈，然實不過羅掘之策，反以害民。其於社會政策，自更去之逾遠了。

到新莽時，才起一個晴天霹靂。新莽的政策，是：

更名天下田曰王田，奴婢曰私屬，皆不得買賣。男口不盈八，而田過一井的，分餘田與九族鄉黨。

立五均司市泉府。百姓以採礦、漁獵、畜牧、紡織、補縫為業和工匠、巫醫、卜祝、商賈等，都自占所為，除其本，計其利，以十一分之一為貢。司市以四時仲月，定物平價。周於民用而不售的東西，均宜照本價買進。物價騰貴，超過平價一錢時，即照平價賣出。百姓喪祭之費無所出的，泉府把工商之貢借給他，不取利息。如藉以治產業的，則計其營利，取息一分。

立六管之制。把鹽、酒、鐵、山澤、賒貸、錢布銅冶六種事業，收歸官辦。

新莽的制度：（一）平均地權。（二）把事業之大者都收歸國營。（三）雖然未能變交易為分配，然而於生產者、販賣者、消費者三方面，亦思有以劑其平，使其都不吃虧，亦都無所牟大利。果能辦到，豈非極好的事？然而國家有多大的資本，可以操縱市場？有多細密嚴肅的行政，可以辦這些事，而不至於有弊？這卻是很大的疑問。而新莽是迷信立法的。他以為「制定則天下自平」。於是但「銳思於製作」，而不省目前之務。如此大改革，即使十分嚴密監督，還不能保其無弊，何況不甚措意呢？於是吏緣為奸，所辦的事，目的都沒有達到，而弊竇反因之而百出。新莽後來，也知道行不通了。有幾種辦法，只得自己取消，然而事已來不及了。

新莽尤其失計的，是破壞貨幣制度。原來漢代錢法屢變，其最後民信用的，便是五銖錢。錢法金、銀、龜、貝雜用，原是經濟幼稚時代的事，秦時，業已進它到專用金屬。漢世雖說黃金和銅錢並用，然而金價太貴，和平民不發生關係，為全社會流通之主的，自然還是銅錢。所以銅錢，便是當時經濟社會的命脈。而新莽卻把五銖錢廢掉。更作金、銀、龜、貝、錢、布，共有五物，六名，二十八品行之。於

附錄　下

是「農桑失業,食貨俱廢」。大亂之勢,就無可遏止了。

　　新莽的大毛病,在於迂闊。其用兵也是如此。新室的末年,所在盜起。其初原不過迫於苛政,苟圖救死。然而新政府的改革,既已不諒於人民,則轉而思念舊政府,亦是群眾應有的心理。於是劉氏的子孫,特別可以做號召之具。當時新市、平林之兵,有漢宗室劉玄在內,號為更始將軍。而後漢光武帝,亦起兵舂陵,與之合。諸將共立更始為帝,北據宛。新莽發四十萬大兵去打他。軍無紀律,又無良將,大敗於昆陽。威聲一挫,響應漢兵者蜂起,新室遂不能鎮壓。更始派兵兩支:(一)北攻洛陽,(二)西攻武關。長安中兵亦起,新莽遂為所殺。時為西元 23 年。更始先已移都洛陽,至是又移都長安。此時人心思治,對於新興的政府,屬望很深。而新市、平林諸將,始終不脫強盜行徑,更始則為其所挾制,不能有為。光武帝別為一軍,出定河北。以河內為根據地,即帝位於鄗。這時候,擁兵劫掠的人到處都是,而山東赤眉之眾最盛。西元 25 年,赤眉以食盡入關。更始為其所殺,洛陽降光武,光武移都之。光武遣將擊破赤眉,赤眉東走。光武自勒大兵,降之宜陽,於是最大的流寇戡定。然而紛紛割據的尚多,其中較大的,如漢中的延岑、黎邱的秦豐、夷陵的田戎、睢陽的劉永,亦都遣兵或親身打定。只有隴西的隗囂頗得士心,成都的公孫述習於吏事,二人稍有規

模。光武久在兵間,厭苦戰事,頗想暫時置之度外,而二人復互相聯結,意圖搖動中原。於是西元 34、36 兩年,先後遣兵把他滅掉。河西的竇融,則不煩兵力而自歸,天下又算平定了。

國家圖書館出版品預行編目資料

張蔭麟與呂思勉對話秦漢四百年：從政治權力 × 思想文化 × 軍事制度 × 社會發展，揭示四百年間秦漢政局動盪的根源 / 張蔭麟，呂思勉 著 . -- 第一版 . -- 臺北市 : 複刻文化事業有限公司 , 2025.01
面； 公分
POD 版
ISBN 978-626-7620-90-8(平裝)
1.CST: 秦漢史
621.9　　114000123

電子書購買

爽讀 APP

張蔭麟與呂思勉對話秦漢四百年：從政治權力 × 思想文化 × 軍事制度 × 社會發展，揭示四百年間秦漢政局動盪的根源

臉書

作　　　者：	張蔭麟，呂思勉
責任編輯：	高惠娟
發 行 人：	黃振庭
出 版 者：	複刻文化事業有限公司
發 行 者：	崧燁文化事業有限公司
E - m a i l：	sonbookservice@gmail.com
粉 絲 頁：	https://www.facebook.com/sonbookss/
網　　　址：	https://sonbook.net/
地　　　址：	台北市中正區重慶南路一段 61 號 8 樓

8F., No.61, Sec. 1, Chongqing S. Rd., Zhongzheng Dist., Taipei City 100, Taiwan

電　　　話：	(02) 2370-3310	傳　　真：	(02) 2388-1990

印　　　刷：京峯數位服務有限公司
律師顧問：廣華律師事務所 張珮琦律師

- 版權聲明 -

本書版權為樂律文化所有授權複刻文化事業有限公司獨家發行電子書及紙本書。若有其他相關權利及授權需求請與本公司聯繫。

未經書面許可，不可複製、發行。

定　　價：299 元
發行日期：2025 年 01 月第一版
◎本書以 POD 印製
Design Assets from Freepik.com